PREMIER
LIVRE DE LECTURE

A L'USAGE

DES ÉCOLES PRIMAIRES.

—

J. M. J.

—

Quatrième édition.

LONS-LE-SAUNIER

GAUTHIER FRÈRES, IMPRIMEURS-LIBRAIRES.

—

1873

PREMIER
LIVRE DE LECTURE

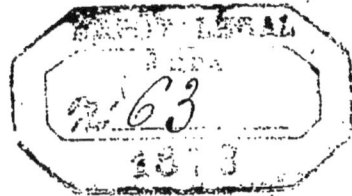

X

19675

(1837)

Gauthier frères

Lons-le-Saunier, imp. de Gauthier frères.

PREMIER
LIVRE DE LECTURE
À L'USAGE
DES ÉCOLES PRIMAIRES.

—

J. M. J.

—

Quatrième édition.

LONS-LE-SAUNIER

GAUTHIER FRÈRES, IMPRIMEURS-LIBRAIRES.

1873

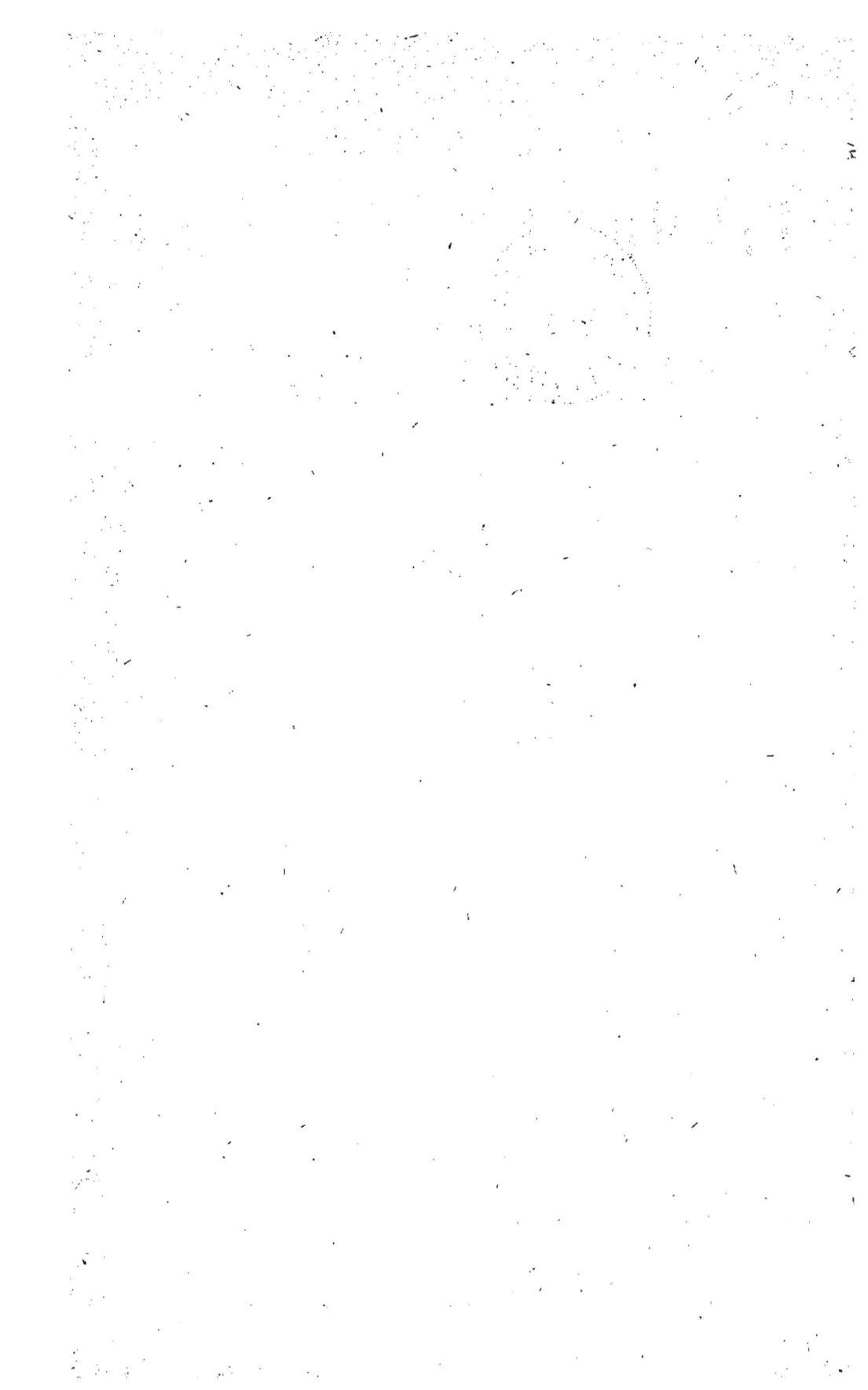

LIVRE DE LECTURE.

1. L'enfant raconte comment se passent les premières heures de sa journée.

Je dors toute la nuit. Je m'éveille au point du jour. Je fais aussitôt le signe de la croix. Je me lève promptement. Je m'habille. Je me lave le visage et les mains. Je prie le bon Dieu à genoux. Je dis le bonjour à papa et à maman. Je déjeune. Je vais à l'église. J'arrive à l'école pour la classe.

EXERCICES. — *Que faites-vous pendant la nuit ?* — *A quel moment vous réveillez-vous ?* — *Que faites-vous à votre réveil ?* — *Après cela ?* — *Que faites-vous après la prière ?* — *Où allez-vous après le déjeuner ?* — *Que faites-vous à l'église* (1).

---

(1) Toutes les questions doivent être faites aux enfants d'une manière claire et par propositions entières. — La réponse des élèves doit rappeler la demande. Ex. : *Que faites-vous pendant la nuit ?* — *Pendant la nuit, je dors.* — *A quel moment vous réveillez-vous ?* — *Je*

2. Les enfants à l'école

La cloche sonne. Le maître est présent. Les élèves arrivent. Ils se mettent en rangs. Ils saluent leur maître. Ils vont en classe. Tous récitent la prière. Le maître raconte. Il instruit. Il interroge. Il ordonne. Les élèves écoutent. Ils répondent. Ils obéissent. Les élèves sont sages. Le maître est content d'eux. La classe est finie. Les élèves retournent à la maison de leurs parents.

Qu'est-ce qui sonne ? Qui est présent ? etc. — Que fait le maître ? — Que font les élèves ? — Qui est content ? — De qui ? — Pourquoi ? — Où vont les élèves après la classe ? — Comment ?

---

me réveille au point du jour. — On revoit ainsi chaque numéro avec les élèves, afin de les amener à comprendre ce qu'ils lisent. — Chaque numéro peut aussi devenir un exercice d'épellation, de copie et même de dictée. — Les maîtres enseignent aux élèves les signes orthographiques qui se rencontrent dans la leçon.

2. Ce que Charles fait à l'école.

Le père. Raconte-moi, Charles, ce que tu fais à l'école.

Charles. Papa, à l'école je lis dans mon livre. J'écris sur mon cahier. J'apprends à parler correctement. Je calcule au tableau. Je chante et j'obéis à mon maître. Avant et après la classe, je fais une prière.

Le père. Si tu fais cela, mon enfant, tu fais bien. Le maître sera content de toi et moi aussi.

Charles. Je vous promets, papa, d'être toujours bien sage.

———

Que fait Charles à l'école ? — Que font les autres élèves ? — Qu'est-ce que Charles promet à son père ? — Comment se conduit l'élève sage à l'école ? — Au dehors ? — Abîme-t-il quoi que ce soit ? — Crayonne-t-il sur les murs ?

4. Les élèves de la classe.

Je suis un petit enfant. Les autres écoliers sont petits aussi. Louis est plus grand que moi ; mais il a huit ans. Et moi je n'ai que sept ans. Nous sommes dans la classe des commençants. Notre classe est longue, large et haute. Il s'y trouve beaucoup d'élèves. Le maître place dix élèves à chaque table. Joseph est le premier de la classe. Il a la croix. J'aime tous mes camarades d'école. Nous aimons et nous respectons notre maître.

Comment vous appelez-vous ? (Je m'appelle N...) — Quel âge avez-vous ? (J'ai... ans). — Nommez des élèves plus âgés (plus jeunes, plus grands, plus petits) que vous ? — Nommez le 1er, le 2e, etc. du 1er, etc. banc. — Comptez les élèves du 1er banc, etc. (par nombres pairs, impairs). — Montrez la longueur, etc. de la classe. — Conduite envers les camarades, en classe, hors de classe.

5. Les meubles de la classe.

Les meubles de la classe sont : l'estrade du maître, la chaise, les bancs et les tables des élèves, les tableaux noirs, les tableaux de lecture et d'images, le chevalet, le fourneau, les rideaux et l'armoire, le crucifix et la statue de la sainte Vierge. Chaque élève a ses livres, ses cahiers et ses plumes.

Le maître fournit de la craie, de l'encre, des crayons et des règles. Chaque objet est à sa place. L'ordre le demande.

Nommez les meubles de la classe. — Où est le plafond, le plancher ? — De quoi se servent les élèves ? — Que fournit le maître ? — A quoi sert le fourneau ? etc. — Combien y a-t-il de croisées, de vitres, de bancs, etc. à l'école ? — Qui a fait les croisées, les bancs, etc. ? — De quoi, etc. ? — Avec quoi arrose-t-on et balaye-t-on la classe ? — Où se trouve chaque objet ? — Pourquoi ?

6. Les mouvements.

Ran, plan, plan!
En avant!
Sortons tous de place,
Prenons bien le pas,
Et marchons en classe
Comme des soldats.
Ran, plan, plan!
En avant!

Quel entrain!
Quel bon train!
Petits camarades,
Qu'il fait bon ici!
Par ces promenades,
L'on est réjoui!
Quel entrain!
Quel bon train!

Ah! vraiment,
C'est charmant!

Aux leçons utiles
Nous allons joyeux.
Nous serons dociles
Et bien studieux.
Oui, vraiment,
C'est charmant !

Que faites-vous en allant au cercle? — Comment y allez-vous?— Qu'y faites-vous? — Que fait le moniteur?

7. Les occupations en famille.

La mère coud. La fille tricote. Le fils écrit. Les petits frères et sœurs s'amusent. La tante et la marraine filent. Le grand-père se repose. La grand'mère dévide. Le parrain et l'oncle arrivent. Le père raconte. La famille écoute.

Qui coud? (la mère coud.) — Que fait la mère? (La mère coud.) — La mère coud-elle? — La mère ne coud-elle pas? — De quoi la mère se sert-elle pour coudre? — (Mêmes questions sur les autres phrases.)

8. Les parties de la maison.

La maison est grande. Ce sont les maçons qui ont bâti la maison. Dans la maison, il y a des cheminées, des poêles, une ou plusieurs chambres, la cuisine, la cave, le grenier, des escaliers, le corridor, le vestibule, des croisées et des portes. Les pièces sont séparées entre elles par des murs, par des murailles ou par des cloisons. A côté de la maison, se trouvent l'écurie, la grange et la remise.

Qui a bâti la maison ? — Avec quoi les maçons ont-ils bâti la maison ? — Les maçons ont-ils fait tout ce qu'il y a dans la maison ? — Nommez les ouvriers qui y ont aussi travaillé ? (Serruriers, menuisiers, plâtriers, tapissiers, vitriers, ferblantiers.) — A quoi servent l'escalier, le grenier, la cave, etc. ? — Dans quelle rue demeurez-vous ? — Nommez vos voisins de face, de droite, de gauche, etc.

9. Maximes.

1. Écoute, mon fils, garde ton cœur pur et éloigne-toi du mal. 2. Celui qui aime la correction, aime la sagesse. 3. Un seul enfant qui craint Dieu, vaut mieux que mille enfants méchants. 4. J'ai été jeune et maintenant je suis vieux. Je n'ai point vu le juste délaissé, ni ses enfants mendier leur pain.

———————

Qui est-ce qui a dit ces paroles? — Que faut-il garder pur? — De quoi faut-il s'éloigner? — Que fait celui qui aime la correction? — Quel enfant vaut mieux que mille autres? — Pourquoi? — Qu'est-ce que le juste?

10. Les meubles de la chambre à coucher.

Dans la chambre, il y a un lit, une armoire, une commode, un crucifix, des tableaux de piété, un bénitier, un secrétaire, une horloge, un miroir, une table, des chaises et un fauteuil.

Le lit est composé d'un bois de lit, d'un matelas, d'une paillasse ou d'un sommier, d'un ou de deux oreillers, de deux draps, d'une couverture et d'un duvet.

Nommez les meubles de la chambre — Qui représente le crucifix, etc. ? — De quoi est composé le lit ? — Qui a fait l'horloge, etc. — Où se trouvent les habits, le linge, etc. ? — (Il est aisé de multiplier les questions.)

11. A table.

La famille se met à table. Elle y déjeune, elle y dîne, elle y soupe. Sur la table, il y a une nappe, du pain, du sel, des serviettes, des assiettes, une carafe, une bouteille, des verres, des couteaux, des cuillers et des fourchettes. On apporte la soupière et les plats. On mange de la soupe, du pain, des légumes, de la viande, du poisson, etc. On boit de l'eau et du vin.

Avant et après les repas, on fait ensemble la prière.

Que fait-on avant et après les repas ? — Que fait-on à table ? — Qu'y a-t-il sur la table ? — A quoi sert le couteau, etc. ? — Comment l'enfant doit-il se conduire à table ? (Être propre, n'être pas gourmand, attendre ou demander poliment qu'on le serve.)

12. Le petit Emile.

Le petit Emile étant un jour à table, vit que toute la famille mangeait de la viande et qu'on ne lui en donnait pas. Il dit alors à son père : —«Papa, donnez-moi, s'il vous plaît, un peu de sel. » — « Qu'en veux-tu faire, mon enfant, demanda le père?» Emile répliqua : « C'est pour le manger avec la viande que vous me donnerez. » Le père vit alors que l'enfant avait été oublié, et il lui donna aussitôt une bonne portion de viande, qu'Emile reçut en remerciant poliment son père.

Que dit Emile à son père ? — Pourquoi lui dit-il cela ? — Que répondit le père ? — Que repartit Emile ? Qu'arriva-t-il alors ?

13. La cuisine.

La mère prépare les aliments à la cuisine. Dans la cuisine, il y a le foyer, la cheminée, la marmite, des casseroles, des pots, des écuelles, des cuillers, un hachoir, une écumoire, une râpe, un moulin à café, un arrosoir, un chaudron, un baquet, un entonnoir, un mortier avec le pilon, un soufflet, l'évier, une pelle à feu, des pincettes, un balai, un panier et une corbeille.

Qui est-ce qui prépare les aliments ? — Qui encore ? — Dans quoi ? — Nommez des aliments. — Nommez des ustensiles de cuisine. — Qui a fait le chaudron, etc.? — De quoi, etc.? — A quoi sert le foyer, etc.? — Quel moulin peut-on porter dans la main ?

14. L'église.

L'église est la maison du bon Dieu. Il y réside dans le saint Tabernacle. Tout le monde va à l'église, surtout les dimanches et les fêtes. Le prêtre prie à l'autel. En chaire, il annonce la parole de Dieu. Aux fonts baptismaux, il baptise les petits enfants. Au confessionnal, il remet les péchés. Les hommes, les femmes et les enfants sont à genoux à leur place. Tous les fidèles prient le bon Dieu. Il est notre Père céleste. Il exauce les prières de ses enfants.

Qu'est-ce que l'église ? — Où réside le bon Dieu ? — Que fait le prêtre à l'autel ? — En chaire ? — Aux fonts baptismaux ? — Au confessionnal ? — Que font les fidèles ? — Comment faut-il se conduire à l'église ? — Pour qui l'enfant y doit-il prier ?

15. Les parties de l'église.

L'église est partagée en deux parties : le chœur et la nef. Dans le chœur se trouvent l'autel, la croix, des statues, des tableaux, l'estrade du prêtre et les stalles des chantres. La sacristie est près du chœur. La table de communion ou la grille sépare la nef du chœur. Dans la nef, on voit des bancs ou des chaises,

2

la chaire, les confessionnaux, les fonts baptismaux, les stations, des bannières, le dais, etc. Les cloches sont suspendues dans la tour, qu'on appelle pour cela le clocher.

Dites les parties de l'église. — Dites ce qui se trouve dans chaque partie. — Qui a fait l'autel ? — de quoi, etc. ? — Qu'y a-t-il sur l'autel ? — A quoi sert l'autel, etc. ?

16. L'enfant et la mère.

L'enfant. Pourquoi, maman, êtes-vous si triste ?

La mère. Cher enfant, je suis triste, parce que bientôt tu n'auras plus de papa.

L'enfant. Pourquoi maman ? Papa veut-il donc nous quitter ?

La mère. Non, mon cher ami ; mais papa est bien malade. Il va mourir, si le bon Dieu ne lui rend la santé.

L'enfant. Vous m'avez dit, maman, que le bon Dieu exauce toujours la prière des petits enfants. Je vais aller le prier à l'église. Je lui dirai de ne pas laisser mourir papa.

La mère. Oui, cher enfant, va prier le bon Dieu, pour ton papa, pour ta maman.

L'enfant alla s'agenouiller au pied de l'autel, où il pria Dieu de tout son cœur. Et voilà que le père revint peu à peu à la santé. L'heureuse mère attribua aux prières de son fils, cette guérison inespérée.

17. Maximes et conseils.

1. Pardonnez de bon cœur. — 2. Ne rendez pas le mal pour le mal. — 4. Faites du bien à celui qui vous fait du mal. — 3. Ne faites pas aux autres ce que vous ne voulez pas qu'ils vous fassent. — 5. Aimez-vous les uns les autres.

18. Du bon Dieu.

Le bon Dieu est un esprit infiniment parfait. Il a fait de rien le ciel et la terre, et tout ce qui existe. Il a créé les anges et les hommes. C'est lui qui a fait les oiseaux, les poissons et tous les autres animaux. Il a fait aussi le soleil, la lune et les étoiles, les arbres, les plantes, les fleurs et les fruits. La mer, les plaines et les montagnes, les vallées et les collines sont les œuvres de ses mains. Dieu peut tout ce qu'il veut.

Il est partout, au ciel, sur la terre et en tout lieu. Il voit tout, il entend tout, il sait tout.

Il y a trois personnes en Dieu : le Père, le Fils et le Saint-Esprit.

19. La leçon des petits enfants.

Enfants, le Dieu que votre mère
Vous dit de prier tous les jours,
A créé le ciel et la terre,
Les bois, les oiseaux, la lumière,
Les fleurs qui renaissent toujours.
Il est des hommes et des choses
Le maître et l'auteur glorieux ;
Ses mains, qui ne sont jamais closes,
Versent le parfum dans les roses,
Lancent les soleils dans les cieux.
Dieu vous aime comme une mère.
Petit enfant qui m'écoutez,
Voudriez-vous jamais lui déplaire ?
Et faudrait-il, ô peine amère !
Qu'il vous retirât ses bontés ?

20. L'Enfant Jésus.

L'enfant Jésus vint au monde à Bethléem, dans une pauvre étable. La très-sainte Vierge

Marie, sa Mère, le coucha dans une crèche. C'était pendant la rude saison de l'hiver et au milieu de la nuit. Alors les Anges chantèrent de joyeux cantiques à la gloire du divin Enfant. Des bergers vinrent l'adorer et des rois lui apportèrent des présents. Saint Joseph lui donna le nom de JÉSUS, qui veut dire Sauveur. L'Enfant Jésus est le Fils unique de Dieu et le Sauveur des hommes. Nous l'appelons Notre Seigneur Jésus–Christ et nous devons tous l'adorer.

21. La fuite en Egypte.

Hérode était alors roi de Judée. Il demeurait à Jérusalem. C'était un homme méchant et cruel. Il voulait faire mourir l'enfant Jésus. Mais un ange apparut à saint Joseph pendant la nuit, et lui dit : « Levez-vous, prenez l'enfant et sa mère, et fuyez en Egypte. » La sainte famille se mit aussitôt en route et se retira en Egypte. Mais, après la mort d'Hérode, elle revint dans la Judée, et habita la petite ville de Nazareth.

Jésus, Marie, Joseph étaient pauvres sur la terre. Aujourd'hui ils règnent dans les Cieux, et nous invoquons leurs saints noms dans tous nos besoins.

22. L'Enfant Jésus au Temple.

L'Enfant Jésus croissait et se fortifiait. Il était plein de grâce et de sagesse. Quand il eut douze ans, il alla à Jérusalem avec ses parents. Son bonheur était de prier Dieu son Père dans le Temple. Lorsque la fête de Pâques fut passée, ses parents s'en retournèrent. Mais Jésus resta à Jérusalem. Alors Marie et Joseph furent bien affligés de ne pas voir Jésus avec eux. Et ils le cherchèrent çà et là pendant trois jours. Enfin ils le trouvèrent dans le Temple, assis au milieu des docteurs, qui étaient ravis de sa sagesse.— Jésus retourna alors à Nazareth avec ses parents, et il leur était soumis.

23. L'enfant sage.

Dieu m'a mis sur la terre
Pour le glorifier,
Pour l'aimer, pour lui plaire,
Et me sanctifier.

Dès ma plus tendre enfance,
J'appartiens au Seigneur ;

Je vis en sa présence,
Il règne dans mon cœur.

Et pour être fidèle
Jusqu'au dernier instant,
Je choisis pour modèle
Le bon Jésus-Enfant.

Il croissait en sagesse,
En grâce chaque jour ;
Je veux ainsi sans cesse
Croître en son saint amour.

Je veux, à son exemple,
Être compatissant,
Assidu dans le Temple,
Docile, obéissant.

24. Jésus bénit les enfants.

Jésus affectionnait surtout les enfants. Un jour des mères tâchaient de s'approcher de lui et de lui présenter leurs petits enfants, afin qu'il les bénît. Mais les disciples éloignèrent ces bonnes mères. Jésus-Christ s'en étant aperçu, dit à ses disciples : « Laissez venir à moi ces petits enfants ; ne les en empêchez pas. Car le royaume de Dieu appartient à ceux qui leur ressemblent. » Jésus embrassa ensuite ces petits enfants. Il mit les mains sur eux et il les bénit, puis il les renvoya à leurs mères tout heureuses de cette faveur.

25. Aimons Jésus.

Aimons Jésus dès notre enfance,
Jésus seul peut nous rendre heureux ;
Mais il veut qu'en nous l'innocence
Brille toujours pure à ses yeux.

26. La très-sainte Vierge.

Nous avons au ciel un Père, c'est le bon Dieu. Tous les jours nous lui adressons cette belle prière : *Notre Père, qui êtes aux Cieux !* Mais nous avons aussi au ciel une Mère ; c'est la très-sainte Vierge Marie. Tous les jours nous la saluons par ces paroles de l'archange Gabriel : *Je vous salue, Marie, pleine de grâces.* Tous les jours aussi nous l'invoquons : *Sainte Marie, Mère de Dieu, priez pour nous.* Et Marie prie pour nous. Elle nous assiste. Elle nous aime, comme la meilleure et la plus tendre des mères.

27. La sainte Vierge avec l'Enfant Jésus.

Vois cet Enfant avec sa Mère ;
C'est Jésus, c'est le roi des Cieux.
A tous les deux fais ta prière,
Donne ton cœur à tous les deux.
Le divin Jésus te sourit,
De sa douce voix il te dit :
« Sois bien sage, sois bien sage,
Ma sainte Mère aime ton âge,
Ma sainte Mère te chérit. »

28. Le bienheureux Hermann.

Le bienheureux Hermann aimait tant la sainte Vierge que, étant encore enfant, on le surnommait le petit Joseph. Il se privait des amusements de son âge, pour aller s'entretenir des heures entières avec la Sainte Vierge et son divin Fils, devant une image, où elle était représentée tenant l'Enfant Jésus dans ses bras. Hermann n'appelait Marie que sa bonne Mère. Il lui offrait les petites douceurs qu'on lui donnait ; il la priait de les faire agréer à Jésus. Il mérita par là de jouir souvent de leurs divins entretiens, et il parvint à un haut degré de sainteté.

29. L'ange gardien.

Le bon Dieu donne à chacun de nous un bon ange. C'est l'ange gardien. Il est à nos côtés le jour et la nuit. Il nous protége. Il nous porte au bien. Il éloigne de nous le démon et nous préserve de mille dangers. Il veille constamment sur nous.

Si je suis sage, mon bon ange me sourit. Si je suis docile à sa voix, il me conduira un jour au ciel.

———

Raconter l'histoire de l'archange Raphaël conduisant le jeune Tobie.

30. Le saint patron.

Je porte le nom d'un saint. Ce saint vivait autrefois sur la terre comme j'y vis maintenant. Il a été fidèle à Dieu. Il a évité le mal et a pratiqué le bien. Dieu a couronné sa fidélité dans le ciel, où il est heureux pour toujours. Le Seigneur m'a donné ce saint pour patron. Je l'invoque, je le vénère et je l'aime. Il prie pour moi et il m'assiste dans mes besoins. Si j'imite ses vertus, je parviendrai au même bonheur que lui.

31. Les parents.

J'ai un père et une mère. Oh ! que je suis heureux d'avoir encore mes bons parents. Ils nous aiment tendrement, mes frères, mes sœurs et moi. Ils veillent toujours sur nous, qui sommes leurs enfants. Ils travaillent continuellement pour nous. Ils nous procurent la nourriture et les vêtements. Ils nous envoient à l'école. Ils nous donnent de bons conseils. Ils se réjouissent, quand nous sommes sages. Ils nous corrigent, quand nous sommes méchants. Ils s'inquiètent, quand l'un de nous a le moindre mal. Merci, mon Dieu ! de m'avoir donné de si bons parents. —Je veux toujours être pour eux un enfant docile, soumis et reconnaissant.

32. Le frère et la sœur.

Le frère. Vois-tu, Rosalie, la belle pomme que grand maman ma donnée. Nous la mangerons ensemble.

La sœur. Non, Eugène, mange-la tout seul. Grand' maman te l'a donnée pour toi.

Le frère. Oh ! non, je n'en ferai rien. Tu en auras la moitié. Tiens, la voici.

La sœur. Merci, Eugène. Tu es un bon frère. Ils mangèrent donc la pomme ensemble et elle parut excellente à tous les deux.

33. Les supérieurs.

Il y a deux sortes de supérieurs : les supérieurs ecclésiastiques et les supérieurs civils.

Les supérieurs civils sont : le Souverain, monsieur le Préfet, monsieur le Maire, ses Adjoints, etc.

Les supérieurs ecclésiastiques sont : Notre saint Père le Pape, monseigneur l'Evêque, monsieur le Curé, ses Vicaires.

Devoir envers les supérieurs. — Manière de saluer, etc.

34. Respect aux vieillards.

Il y avait un homme nommé Elisée. C'était un prophète, un fidèle serviteur de Dieu. Il était déjà vieux et chauve, ses cheveux étant tous tombés. Un jour qu'il montait à Béthel, il rencontra une troupe d'enfants méchants et mal élevés. Dès qu'ils virent le vieillard gravissant péniblement la montagne, ils se moquèrent de lui en criant: « Monte, chauve ! monte, chauve ! »

Le vieillard s'indigna contre ces méchants enfants et il les maudit. Aussitôt Dieu envoya d'une
forêt voisine deux ours, qui se jetèrent sur les
coupables et en tuèrent quarante-deux.

Cette histoire nous apprend que Dieu veut
que l'on respecte ses ministres et les vieillards.

34. L'enfant officieux.

Un soir le petit Jean s'amusait avec plusieurs
enfants devant la maison paternelle. Un étranger s'approcha des petit joueurs et leur demanda où était la demeure de monsieur le curé.
Aussitôt Jean laissa là son jeu et ses camarades,
et conduisit l'étranger chez monsieur le curé.
Chemin faisant, il répondit poliment aux questions du voyageur, qui fut enchanté des bonnes
manières et des belles réponses de son petit con-
ducteur.

Comment faut-il se conduire envers les étrangers ?

36. Maximes tirées de l'Ecriture sainte.

1. Celui qui honore son père et sa mère sera
béni de Dieu. — 2. Celui qui fait du chagrin à
sa mère, est maudit de Dieu — 3. Le fils qui

abandonne son père est un ingrat. — 3. Obéissez à vos supérieurs et honorez ceux qui travaillent à votre instruction, afin qu'ils remplissent leur devoir avec joie. Ne les affligez pas.

37. Michel corrigé.

Certains enfants aiment trop le lit, ils pleurent et font la grimace quand il faut se lever. Michel était de ce nombre. Il était en outre très-négligent et malpropre. Ses cheveux étaient ordinairement en désordre, son visage et ses mains toujours sales, de même que ses habits, ses livres et ses cahiers. C'est en cet état qu'il se présenta un jour à l'école. Mais le maître, le voyant arriver, le renvoya en lui disant : « Croyez-vous, malhonnête, que je veuille souffrir ici un élève aussi malpropre que vous ? Allez vous laver et vous reviendrez quand vous serez plus propre. » Michel confus courut à la maison, en pleurant, et sa mère lui donna une correction bien méritée. La leçon fût salutaire. Dès ce jour, Michel devint un des élèves les plus soigneux et les plus propres de l'école.

38. L'homme.

L'homme est une créature raisonnable composée d'un corps et d'une âme faite à l'image de Dieu.

L'homme est destiné à voir et à posséder Dieu éternellement dans le ciel.

L'âme de l'homme est un être spirituel et immortel, capable de connaître, d'aimer, de vouloir et d'agir avec liberté.

Dieu a fait l'homme libre, mais il détermine, par sa loi sainte, l'usage que nous devons faire de notre liberté. Il nous défend le mal et menace des plus sévères châtiments ceux qui le commettent. Il nous commande le bien et récompense magnifiquement ceux qui le pratiquent.

Le corps de l'homme est matériel et vient de la terre, à laquelle il est rendu après la mort.

Dans le corps de l'homme, on distingue la tête, le tronc et les membres. La tête, qui est couronnée de cheveux, comprend le crâne et la face. Dans celle-ci, on distingue le front, les yeux, le nez, les joues, la bouche et le menton.

Le cou unit la tête au tronc. Celui-ci comprend la poitrine, le ventre et le dos.

On distingue les membres supérieurs ou les bras, et les membres inférieurs ou les jambes. La main est à l'extrémité des bras et le pied à l'extrémité des jambes. La main, ainsi que le pied, a cinq doigts.

39. Les cinq sens.

Le lait est blanc. Je puis le voir. Je le vois par mes yeux. Les oiseaux chantent. Je puis entendre leur chant. Je l'entends par mes oreilles. La glace est froide. Je le sens en la touchant. Je touche par mes mains. Le miel est doux. Je puis le goûter. Je le goûte par la langue. La rose sent bon. Je puis flairer son odeur. Je la flaire par le nez.

Ainsi, je puis voir, entendre, toucher, goûter et flairer. J'ai cinq sens. J'en remercie le bon Dieu qui me les a donnés.

Comment appelle-t-on l'homme qui ne voit pas ? — Celui qui n'entend pas ? — Celui qui ne peut pas parler ? — Quel est celui qui voit tout, entend tout, connaît tout ?

40. L'aveugle de Jéricho.

Le Sauveur approchait un jour de Jéricho avec ses disciples et la foule le suivait. Près de la ville un pauvre aveugle, assis au bord du chemin, demandait l'aumône. Entendant le bruit d'une troupe de gens qui passaient, il demanda qui c'était. On lui répondit que c'était Jésus de Nazareth. Aussitôt l'aveugle se mit à crier : « Jésus, fils de David, ayez pitié de moi. » Ceux qui allaient devant le gourmandaient vivement pour le faire taire ; mais lui cria encore plus fort : « Jésus, fils de David, ayez pitié de moi. »

Le bon Sauveur avait entendu la prière du malheureux ; il s'arrêta et ordonna qu'on le lui amenât, et, quand l'aveugle se fut approché, il lui dit : « Que voulez-vous que je fasse pour vous? » — « Seigneur, répondit l'aveugle, faites que je voie. » Et Jésus lui dit : « Voyez! votre foi vous a sauvé. » A l'instant même l'aveugle vit et il se mit à la suite de Jésus, en rendant gloire à Dieu. Et tout le peuple, témoin de ce miracle, en bénissait le Seigneur.

41. Le sourd-muet.

Un jour on amena au Sauveur un homme sourd et muet, et on le pria de lui imposer les mains. Jésus tire cet homme de la foule et le prend à l'écart. Il lui met ses doigts dans les oreilles et de la salive sur la langue ; puis il lève les yeux au ciel, soupire profondément, et dit : Ephphéta ! c'est-à-dire, ouvrez-vous. Aussitôt les oreilles de cet homme s'ouvrent, sa langue se délie, et il parle distinctement. Jésus défendit aux témoins de ce miracle d'en rien dire à personne ; mais plus il leur défendait d'en parler, plus ils le publiaient ; et, dans leur admiration, ils disaient : « Il a bien fait toutes choses ; il a fait entendre les sourds et parler les muets. »

42. Évitez le mensonge.

Évitez le mensonge avec un soin extrême.
Si l'on remarque en vous peu de sincérité,
    L'on ne vous croira plus, lors même
    Que vous direz la vérité.

43. Le petit Louis.

Le petit Louis était seul dans la chambre. Il écrivait son devoir. Tout à coup il entendit de la musique dans la rue. C'était un petit Savoyard qui faisait danser son singe au son de sa vielle. Louis sauta vite vers la fenêtre pour mieux voir et mieux entendre ; mais il heurta contre une chaise sur laquelle se trouvait une cruche pleine d'eau. La chaise se renverse, la cruche se brise et toute l'eau se répand sur le plancher. Louis eut d'abord grand'peur; mais, son père étant rentré, il lui dit naïvement ce qui s'était passé. Le père, satisfait de la sincérité de son enfant, chercha à le prémunir contre la curiosité et la précipitation, qui sont, l'une et l'autre, la cause de bien des maux.

44. Au loup ! Au loup !

Luc, encore petit garçon, mais déjà grand menteur, gardait un troupeau de moutons à l'entrée d'une forêt. Un jour, voulant s'amuser, il se mit à crier de toutes ses forces: « Au loup ! au loup ! » — Les paysans qui l'entendirent, accoururent de toutes parts, armés de haches et de bâtons ; mais, ne voyant point de loup, ils s'en retournèrent, et Luc riait de tout son cœur.

Le jour suivant, il cria de nouveau : « Au loup ! au loup ! » Les paysans revinrent encore, mais moins nombreux que la veille. Ils ne trouvèrent pas la moindre trace de loup, et ils soupçonnèrent quelque malice de la part du petit pâtre. Aussi, dirent-ils, en se retirant, qu'on ne les y prendrait plus.

Le troisième jour, le loup vint en effet. Luc se mit alors à pousser des cris lamentables : « Au secours ! au secours ! au loup ! au loup ! » Mais pas un seul paysan ne fit attention à ce cri d'alarme.

Le troupeau tout entier s'enfuit en toute hâte vers le village ; et le pauvre Luc, en voulant tenir tête au loup, fut mis en pièces par la bête carnassière.

Qui a été reconnu menteur n'est plus cru de personne.

45. Des animaux.

Il y a des animaux domestiques, qui sont au service de l'homme ; il y en a de sauvages, qui vivent dans les forêts et les déserts.

Les principaux animaux domestiques sont :

1º Parmi les *quadrupèdes* (1), le cheval, le mulet, l'âne, le bœuf, la vache, la chèvre, la brebis, le mouton, le porc, le chien, le chat, etc.

2º Parmi les *oiseaux*, la poule, le coq, l'oie, le dindon, le canard, le paon, le pigeon, etc.

Les animaux sauvages de nos contrées sont :

1º Parmi les *quadrupèdes*, le renard, le lièvre, le loup, le sanglier, le chevreuil, le cerf, l'ours, etc.

2º Parmi les *oiseaux*, l'aigle, le vautour, l'épervier, le corbeau, le geai, le merle, la grive, l'hirondelle, l'alouette, la fauvette, le pinson, le moineau, le chardonneret, etc.

3º Parmi les *reptiles*, la grenouille, le serpent, le lézard, etc.

Il y a aussi, dans nos pays, des *insectes* très-utiles : l'abeille, qui produit le miel et la cire ; la cantharide, employée en médecine ; le ver-à-soie, espèce de chenille qui file la soie, etc.

Il y en a d'autres très-industrieux : l'araignée, la fourmi, etc. ; d'autres d'une grande beauté : les papillons ; d'autres incommodes : les mouches, les puces, etc.

_____

(1) Animaux à quatre pieds.

46. Cri des animaux.

Le cheval hennit. La vache et le bœuf beuglent. Le taureau mugit. Le chien aboie et jappe. Le chat miaule. L'âne brait. La brebis et l'agneau bêlent. Le loup hurle. Le lion rugit. Le serpent siffle. Le renard glapit. Le petit poulet piaule. Le coq chante. La poule glousse. Le pigeon roucoule. La tourterelle gémit. Le corbeau croasse. La grenouille coasse. L'abeille bourdonne. Les oiseaux chantent. Le poisson est muet.

47. Le cheval.

Le cheval est un des animaux les plus remarquables, par la grandeur et l'élégance des formes. De tous les animaux domestiques, c'est celui qui rend le plus de services à l'homme. Il le porte, il laboure son champ, il transporte les fardeaux et se soumet avec docilité aux travaux les plus pénibles. Il partage avec l'homme les plaisirs de la chasse et les dangers de la guerre.

Le cheval mange de l'avoine, du son, du foin, de l'herbe fraîche, du trèfle ; il est friand de sucre, de pain et de sel.

Les chevaux sont de différentes couleurs :
bruns, noirs, roux, blancs, gris, tachetés, alezan.

48. Est pris qui a voulu prendre.

Un cultivateur avait un beau cheval qui, une
nuit, fut volé dans son écurie. Il se rendit à un
marché aux chevaux qui se tenait à quinze
lieues de là, ayant l'intention d'acheter un autre
cheval.

Mais, parmi les chevaux exposés en vente, il
reconnaît sa monture. Aussitôt saisissant l'animal par la bride, il crie à haute voix : « Ce cheval m'appartient ; on me l'a volé, il y a trois
jours. »

« Vous vous trompez, mon ami, dit fort poliment celui qui voulait vendre la bête ; il y a plus
d'un an que ce cheval est en ma possession. Il
est possible qu'il ait de la ressemblance avec le
vôtre ; mais, bien certainement, il est à moi. »

Alors le paysan, mettant vite les deux mains
sur les yeux du cheval, dit : « Eh bien ! puisqu'il y a si longtemps que vous avez ce cheval,
vous devez sans doute bien le connaître. Dites-
moi donc de quel œil il est borgne ? » L'étranger

qui avait effectivement volé le cheval, mais qui ne l'avait pas encore bien examiné, fut embarrassé par cette demande. Néanmoins, comme il fallait dire quelque chose, il répondit au hasard : « C'est de l'œil gauche. »

« Vous n'y êtes pas, dit le paysan, l'animal n'est pas borgne de l'œil gauche. »

« Ah ! mais, c'est vrai, s'écria le fripon, excusez, je me suis trompé, je voulais dire de l'œil droit ; oui, c'est de l'œil droit qu'il est borgne. »

Alors le paysan, découvrant les yeux du cheval, sécrie : « Actuellement il est prouvé jusqu'à l'évidence que tu n'es qu'un voleur et un menteur. Venez, regardez, vous autres, lé cheval n'est pas borgne du tout ; je n'ai fait ces questions que pour confondre ce misérable. » Tous les assistants d'éclater de rire et de battre des mains en criant : « Bravo, bravo, attrapé, attrapé ! »

Le voleur fut forcé de rendre le cheval, puis arrêté et conduit devant le juge, qui le condamna à la peine méritée.

49. Le Bœuf.

Le bœuf a deux cornes, le front plat, les yeux gros, le regard lourd, le mufle large, le corps épais, la taille trapue, les jambes courtes et fortes, la queue longue et terminée par une touffe de poils. Il traîne la charrue et les voitures ; mais il est lent. Sa chair est bonne à manger ; sa peau sert à faire du cuir ; ses cornes et ses onglons sont employés dans l'industrie.

50. La grenouille qui veut être aussi grosse que le bœuf.

Une grenouille vit un bœuf
Qui lui sembla de belle taille.
Elle qui n'était pas grosse, en tout, comme un œuf,
Envieuse, s'étend et s'enfle et se travaille
Pour égaler l'animal en grosseur,
Disant : Regardez bien, ma sœur ;
Est-ce assez ? dites-moi, n'y suis-je point encore ?
—Nenni.—M'y voici donc?—Point du tout.—M'y voilà
—Vous n'en approchez point.—La chétive pécore (1)
S'enfla si bien qu'elle creva.

_____

(1) Bête.

51. Lamentation d'un âne sur son triste sort.

Existe-t-il, hélas ! un animal plus indigent, plus tourmenté, plus malheureux que moi ! Les chiens et les chats, ces êtres vils et rampants, sont beaucoup mieux traités. Je n'ai en partage que les travaux les plus durs et les plus pénibles. Tantôt on charge mon pauvre dos, jusqu'à m'accabler, d'un bât de paniers pleins et comblés de légumes, de racines et de je ne sais quoi ; ils y mettent parfois, je crois, des cailloux et du fer, tant cela pèse ; tantôt c'est un énorme sac de blé ou de farine qu'ils y installent à califourchon ; tantôt enfin ils m'attèlent à une lourde voiture, et toujours : Va, trotte, mon pauvre baudet ! et un coup de bâton à gauche, et un coup de bâton à droite : on dirait qu'ils veulent m'assommer pour vendre ma peau à la foire. Et pour toute cette peine, que me donne-t-on ? La plus misérable pitance, ce dont ne voudrait aucun animal : de la paille de jonc, dure comme du bois, ou des chardons avec leurs épines. Voilà ton régal, vieille bête, Aliboron, rossignol d'Arcadie. Car voilà encore les gentillesses de mes maîtres et de leurs valets ; ils se moquent de moi, ils me régalent de quolibets et d'injures ; mes bonnes qualités, mes beautés même les font rire.

Mes oreilles, par exemple, sont bien les plus belles que possède aucun animal, s'il faut en juger par la longueur. Eh bien ! ils s'en moquent et ils en décorent les petits enfants paresseux, ignorants, qu'ils nous font l'honneur d'appeler des ânes.

Ma voix ! quoi de plus sonore ? Rien, certainement, après le tonnerre ; tout tremble quand je me fais entendre, tout fuit épouvanté ; il n'y a que les hommes qui s'en amusent.

Ah ! pauvre sire, que ne suis-je plutôt un singe ou un inutile roquet ! je ne ferais rien, je serais bien nourri, et j'irais me coucher mollement sur les genoux de monsieur ou de madame.

52. La brebis.

La brebis est aimée de l'homme pour ses bonnes qualités et les services qu'elle lui rend. Simple, timide, douce, patiente, faible, mais stupide et sans courage, la brebis ne sait ni se défendre ni se dérober au péril. Le plus petit roquet, par ses aboiements, peut disperser tout un troupeau de moutons, et tandis que la poule se bat résolûment pour ses poussins, les brebis n'ont pas le courage de protéger leurs petits agneaux ; elles ne savent que se réfugier avec eux auprès du berger, qu'elles suivent partout.

On voit de nombreux troupeaux de moutons se laisser conduire par un petit berger, par un chien, ou même par une espèce de dindon appelé *pécari*; ils paissent tranquillement dans des lieux arides, où ils trouvent des herbes aromatiques. Ils obéissent mieux à leur gardien que bien des enfants ne le font à leurs parents.

La brebis nous donne la laine douce et chaude, dont nous nous servons contre le froid ; sa chair nous fournit une nourriture aussi substantielle que délicieuse, et de sa peau, on fait le maroquin.

53. La tonte des brebis.

Une mère sortit un jour avec sa petite fille Emma pour voir la tonte des brebis. Emma en avait grande pitié et disait : Ah ! comme les hommes sont cruels de tourmenter ainsi ces pauvres animaux !

— Non, mon enfant, répliqua la mère : le bon Dieu veut que les hommes s'habillent avec leur laine.

— Mais, dit Emma, faut-il donc que ces pauvres animaux, ainsi dépouillés, souffrent du froid ?

— Oh ! non, répondit la mère, ils ne souffrent pas ; Dieu a pouvu à tout : il donne à l'homme un vêtement chaud et enlève à la brebis une toison qui l'incommoderait dans les grandes chaleurs de l'été.

54. Le loup et le petit mouton.

Des moutons étaient en sûreté dans leur parc ; les chiens dormaient, et le berger, à l'ombre d'un grand ormeau, jouait de la flûte avec d'autres bergers voisins. Un loup affamé vint, par les fentes du bercail, reconnaître l'état du troupeau. Un petit mouton sans expérience, et qui n'avait jamais rien vu, entra en conversation avec lui : «Que venez-vous chercher ici? » dit-il au glouton.—« L'herbe tendre et fleurie, lui répondit le loup. Vous savez que rien n'est plus doux que de paître dans une verte prairie émaillée de fleurs, pour apaiser sa faim, et d'aller étancher sa soif dans un clair ruisseau ; j'ai trouvé ici l'un et l'autre : que faut-il davantage? J'aime la philosophie, qui apprend à se contenter de peu. »—« Il est donc vrai, repartit le petit mouton, que vous ne mangez pas la chair des animaux, et qu'un peu d'herbe vous suffit? Si cela est, vivons comme frères, et paissons ensemble. » Aussitôt le mouton sort du parc et va dans la prairie, où le sobre philosophe le met en pièce et le dévore.

Défiez-vous des belles paroles ; jugez des gens par leurs actions et non pas seulement par leurs discours.

55. Le loup, la chèvre et le chevreau.

Une chèvre allant paître l'herbe nouvelle, ferma sa porte en disant à son biquet : « Mon petit, garde-toi d'ouvrir à celui qui ne dit pas : Foin du loup et de sa race ! »

Comme elle disait ces mots, un loup, qui était sorti de la forêt, les entendit et se promit d'en profiter. La chèvre n'avait pas aperçu ce méchant animal. Dès qu'elle fut partie, le loup contrefit sa voix, priant le chevreau de lui ouvrir la porte, en disant : « Foin du loup et de sa race ! » Le loup croyait pouvoir entrer sur-le-champ ; mais le biquet, surpris d'entendre sitôt le mot du guet, soupçonna que c'était le loup. Alors, se souvenant d'un autre avis de sa mère, il regarda par une fente et dit : « Montre-moi patte blanche, ou je n'ouvre pas. « Le loup, pris au dépourvu, s'en retourna comme il était venu.

56. Le chien.

Le chien s'attache à son maître. Il garde la maison et le troupeau, chasse le gibier, dirige les pas de l'aveugle, trouve les objets perdus et les rapporte, tourne la roue des ateliers et se laisse dresser pour toutes sortes de services. Le chien a en partage la beauté, la force, la vitesse, et la finesse de l'odorat.

57. Le petit chien.

Un jeune gentilhomme, nommé Arthur, se promenant un jour sur le bord d'un ruisseau vit quelques méchants garçons qui allaient noyer un petit chien. Il eut pitié du pauvre animal, l'acheta et l'emporta avec lui au château qu'habitaient ses parents.

Le petit chien s'attacha si bien à son nouveau maître qu'il ne le quittait plus, et il lui témoignait sa reconnaissance par toutes sortes de caresses. Un soir qu'Arthur, étant entré dans sa chambre à coucher, allait se mettre au lit, le petit chien se mit à aboyer d'une manière tout extraordinaire. Arthur, surpris, visita sa chambre, et regarda même sous le lit. Quelle ne fut pas sa surprise lorsqu'il y vit un homme qui s'y était blotti ! Il se mit à crier en appelant au secours. Aussitôt tous les habitants du château accoururent. On mit la main sur ce misérable, et on le livra à la justice. Il avoua que son intention avait été d'assassiner le jeune gentilhomme et de piller ensuite le château.

Arthur remercia le Seigneur de l'avoir préservé de ce danger, et dit : « Dieu me récompense aujourd'hui de ce que j'ai fait pour mon petit chien ; il me sauve par celui que j'ai sauvé. »

58. Le chat.

Le chat a la tête arrondie et de longs poils au museau. Ses oreilles sont petites et pointues, ses yeux étincelants. Il a la queue longue, les griffes crochues et rétractiles, la démarche circonspecte et le regard oblique. Le chat guette les souris et les rats, il fait la guerre aux petits oiseaux. Il est friand et voleur, flatteur, faux et méchant. Les jeunes chats sont gais, vifs, jolis, et seraient très-propres à amuser les enfants, si les coups de patte n'étaient pas à craindre ; mais leur badinage, quoique agréable et léger, n'est jamais innocent.

59. L'enfant et le chat.

Tout en se promenant, un bambin déjeunait
    De la galette qu'il tenait.
Attiré par l'odeur, un chat vient, le caresse,
Fait le gros dos, tourne, et vers lui se dresse :
Oh ! le joli minet ! et le marmot charmé
Partage avec celui dont il se croit aimé.
Mais le flatteur à peine obtient ce qu'il désire,
    Qu'au loin il se retire.
Ah ! ah ! ce n'est pas moi, dit l'enfant consterné,
    Que tu suivais ; c'était mon déjeuné.

60. La petite souris.

Une petite souris, sortant de son trou, vit une planchette soulevée au bord d'un trou : « Ah ! ah ! fit-elle, voilà une attrape ! Que les hommes sont malins ! Ils placent sous une planchette trois réglettes, à l'une desquelles ils attachent un morceau de lard, et ils appellent cela une *souricière*. Mais, nous autres petites souris, nous sommes plus fines ; nous savons fort bien que, si l'on mord à ce lard... *pouff !* la pierre tombe et écrase la gourmande. Non, non, je ne me laisserai pas attraper ... Mais, pourtant, je puis bien flairer ce lard ; cela ne peut pas me nuire. » Ayant dit ces mots, elle approche, elle flaire le lard ; mais en le flairant, elle le heurte de son petit nez, si bien que soudain la planchette tombe et écrase l'imprudente souris.

61. Le chat, la vieille souris et la jeune.

Le chat. Approche ! viens plus près de moi, ma petite ! viens que je te baise. Je t'aime tendrement ; que puis-je t'offrir qui te fasse plaisir ?

La vieille souris. Fuis, ma petite, fuis ce trompeur ; garde-toi bien de t'en approcher.

La jeune souris . Il ne me fait pas peur ; son œil est si doux, et sa voix est si tendre !

Le chat. Vois-tu ce sucre et ces noix ? Je te les donne, si tu viens auprès de moi.

La vieille souris. Fuis, ma petite, fuis ce traître.

La jeune souris. Pourquoi donc ? Voyez comme il m'aime !

Le chat. Viens donc ! rien ne doit t'arrêter que peux-tu craindre de moi, qui suis ton tendre ami ?

La vieille souris. Oh ! l'hypocrite ! comme il sait se contrefaire !

La jeune souris. Hélas ! que ferai-je ? Mais après tout, qu'ai-je donc à craindre ? Je saura bien m'échapper, s'il veut me faire du mal. Et aussitôt, elle se jette entre les pattes du chat.

La vieille souris. Malheureuse ! que fais-tu ? Tu es perdue.

Le chat. Laisse dire cette grondeuse, viens viens dans mes bras.

La jeune souris. M'y voilà...., eh !.... mais !.. aïe ! aïe! oh ! le monstre ! il m'étouffe ! Ah ! i me griffe ! il me tue ! ah ! que n'ai-je obéi !

> Aux bons avis de vos parents,
> Soyez soumis, petits enfants ;
> Que toujours leur expérience
> Tempère une folle imprudence !

62. Cruauté envers les animaux.

Il y a des enfants qui font souffrir les mouches, qui arrachent les plumes aux oiseaux, qui mutilent les hannetons et qui tourmentent les ânes. Cette conduite est très-blamâble, et elle a toujours été regardée comme l'indice d'un mauvais cœur. Domitien, empereur romain très-cruel, s'amusait, dit-on, quand il était jeune, à percer des mouches avec un poinçon ; plus tard, son plaisir était de faire jeter, dans le cirque, des chrétiens aux bêtes féroces.

Chez les anciens, on punissait sévèrement les enfants qui faisaient souffrir les animaux. A Athènes, l'Aréopage condamna à mort un enfant pour avoir crevé les yeux à des cailles.

63. Le nid d'oiseaux.

Un méchant enfant s'amusait à chercher des

nids, et à enlever les petits oiseaux qu'il détr[u]
sait avec une joie maligne. Souvent la mère l[ui]
en faisait d'amers reproches : « Méchant e[n]
fant, lui disait elle, tu vois combien ta co[n]
duite me cause de chagrin ! sache bien que [tu]
offenses le bon Dieu, et qu'il te punira sévèr[e]
ment, si tu ne te corriges. » Mais, ni les bo[ns]
avis, ni les menaces de la mère, ne firent im[-]
pression sur le cœur de ce méchant enfant, q[ui]
continua à dénicher et à maltraiter les oiseau[x.]

Un dimanche, au lieu d'aller à l'église, il [se]
rendit de nouveau à la forêt, pour y exercer s[es]
cruautés. Il découvrit au sommet d'un chê[ne]
très-élevé un gros et beau nid d'oiseaux. [Il]
grimpe lestement sur l'arbre, et enlève du n[id]
l'un des petits ; déjà il veut s'emparer d'un a[u]
tre, lorsque tout à coup le père et la mère, q[ui]
étaient de grands oiseaux de proie, se jette[nt]
sur lui et lui crèvent les yeux à coups de be[c.]

Qui ne veut écouter ni Dieu ni ses parents,
S'expose tôt ou tard à d'affreux châtiments.

64. Le pinson et la pie.

Apprends-moi donc une chanson,
Demandait la bavarde pie
À l'agréable et gai pinson,

Qui chantait au printemps sous l'épine fleurie.
— Allez, vous vous moquez, ma mie ;
A gens de votre espèce, ah ! je gagerais bien
Que jamais on n'apprendra rien.
— Eh quoi ! la raison, je te prie ?
— Mais, c'est que pour s'instruire et savoir bien chanter,
Il faudrait savoir écouter,
Et babillard n'écouta de sa vie.

65. Paroles de Jésus-Christ.

1. Voyez les oiseaux du ciel ; ils ne sèment ni ne moissonnent, et cependant votre Père céleste les nourrit. — 2. Un verre d'eau donné en mon nom, ne restera pas sans récompense. — 3. Tout ce que vous faites au moindre des miens, je le regarderai comme fait à moi-même. — 4. Gardez-vous de scandaliser un de ces petits qui croient en moi. — 5. Bienheureux ceux qui ont le cœur pur, parce qu'ils verront Dieu.

66. Les oiseaux chanteurs.

Un joli petit village était entouré d'une grande quantité d'arbres fruitiers. Au printemps, ces arbres étaient couverts de fleurs, et en automne, ils étaient chargés de pommes, de poires, de prunes et de noix. Sur leurs branches, ainsi que dans les haies, nichaient une foule de petits oiseaux, qui remplissaient les airs de leurs joyeux gazouillements.

Mais voilà que de méchants garçons se mirent à persécuter ces oiseaux. Ils leur jetaient des pierres, ils cherchaient et enlevaient les nids ; ils écrasaient les œufs, emportaient les petits, les tuaient ou les laissaient périr de faim.

Les oiseaux ainsi maltraités quittèrent bientôt ces lieux inhospitaliers ; l'on n'entendit plus les doux concerts du rossignol ni de la fauvette, et les jardins et les vergers devinrent tristes et silencieux. Les chenilles et d'autres insectes, que les oiseaux détruisaient autrefois, se multiplièrent d'une manière effrayante, et dévorèrent les feuilles et les fleurs ; de telle sorte que les arbres restèrent nus et dépouillés comme en plein hiver. L'automne vint, mais il n'y eut pas de cueillette.

Les autorités prirent alors des mesures sévères, pour que les oiseaux ne fussent plus inquiétés. Mais plusieurs années se passèrent avant qu'ils fussent aussi nombreux qu'ils l'avaient été auparavant.

67. Les guêpes et les abeilles.

Un jour, des guêpes virent des abeilles posées sur des fleurs. Elles s'en approchent et leur disent : « Bonjour, nos sœurs ! » — « Nous, vos sœurs ! répondent les nobles et fiers insectes ; et depuis quand cette parenté existe-t-elle entre nous et vous ? » — « Mais, c'est de toute la vie, répondent les guêpes en colère. Voyez, en effet, nous avons des ailes tout comme vous ; même taille, même corsage et même dard. Notre ressemblance n'est-elle pas parfaite ? » — « Il est vrai, nous sommes pourvues des mêmes armes, répliquent les abeilles, mais vous vous en servez pour attaquer, et nous pour nous défendre. »

68. Albert et les abeilles.

Un jour, Albert entra dans le jardin du voisin, et y vit un beau rosier tout en fleurs. Il cueillit une rose, et se dit : « Allons, que j'en respire le parfum tout à mon aise. » Mais à peine avait-il porté à son nez la rose à demi-épanouie, qu'il ressentit tout à coup une violente douleur ; une abeille, cachée dans le calice de la fleur, l'avait piqué au nez.

Albert, qui était très-emporté, se mit en colère, et ramassa des mottes de terre, qu'il lança comme un furieux contre la ruche. Aussitôt les abeilles irritées l'attaquèrent et le couvrirent tellement de piqûres que, pendant plusieurs jours, il eut à souffrir d'horribles douleurs.

69. Les fourmis.

Les fourmis sont des insectes très-nombreux et très-actifs. Elles forment entre elles un petit peuple qui a, pour ainsi dire, son chef, ses lois et sa police. Elles habitent une espèce de petite ville, qu'elles construisent elles-mêmes avec un ordre admirable, et qu'on appelle *fourmilière*. C'est là que, durant la moisson, elles traînent avec une activité et une diligence étonnantes, des charges trois fois plus grosses qu'elles. Quelquefois, si une fourmi trop chargée rencontre en chemin une autre fourmi, celle-ci lui prête secours ; alors toutes deux traînent le grain d'orge ou de millet, et elles arrivent bientôt au magasin, à bout de force, mais non de courage.

70. Maximes.

1. Ne fuyez pas le travail ; c'est la loi imposée par le Très-Haut.—2. Jusqu'à quand dormirez-vous, paresseux ! allez à la fourmi ; considérez sa conduite et apprenez à travailler.—3. Un métier vaut un fonds de terre.—4. Apprenez avec peine et vous aurez du plaisir à savoir. — 5. C'est en forgeant que l'on devient forgeron — 6. La crainte de Dieu vaut mieux que de grands trésors.

71. La cigale et la fourmi.

La cigale ayant chanté
       Tout l'été,
Se trouva fort dépourvue
Quand la bise fut venue ;
Pas un seul petit morceau
De mouche ou de vermisseau.
Elle alla crier famine
Chez la fourmi, sa voisine,
La priant de lui prêter
Quelques grains pour subsister
Jusqu'à la saison nouvelle.
« Je vous paierai, lui dit-elle,
Avant l'août, foi d'animal,
       Intérêt et principal. »

La fourmi n'est pas prêteuse ;
C'est là son moindre défaut.
« Que faisiez-vous au temps chaud,
Dit-elle à cette emprunteuse ?
« Nuit et jour, à tout venant,
Je chantais, ne vous déplaise. »
—« Vous chantiez ! j'en suis fort aise :
Eh bien ! Dansez maintenant » (1).

72. Du temps (2).

Le jour est composé de vingt-quatre heures,
et l'heure de soixante minutes. Sept jours font
une semaine. Les sept jours de la semaine sont :
dimanche, lundi, mardi, mercredi, jeudi, vendredi et samedi. Quatre semaines font à peu près
un mois, et douze mois font une année. Les
douze mois de l'année sont : janvier, février,
mars, avril, mai, juin, juillet, août, septembre,
octobre, novembre et décembre. L'année commune compte trois cent soixante-cinq jours, et
il vient tous les quatre ans une année qu'on appelle bissextile, qui compte trois cent soixante-six jours.

(1) Cette morale a pour but de flétrir la paresse.
(2) Dessiner un cadran au tableau noir, et apprendre aux enfants à connaître les heures du jour.

73. Le courtisan malade.

Un courtisan qui avait passé sa vie au serv
de son prince, tomba dangereusement mala
Le prince qui l'aimait, vint le visiter en p
sonne, accompagné de ses autres courtisa
Il le trouva à l'agonie et sur le point de ren
le dernier soupir. Touché de ce triste état, il
dit pour le consoler : « Pourrais-je quel
chose pour vous ? demandez avec confian
et ne craignez pas d'éprouver un refus.
— « Prince, lui répondit le malade, d
la triste situation où je suis, je n'ai qu'une ch
à vous demander, ce serait de m'accorder
quart d'heure de vie. » — « Hélas ! ce que v
me demandez n'est pas en mon pouvoir, dit
prince ; demandez autre chose, si vous vou
que je vous exauce. »—« Eh quoi ! dit alors
malade, il y a cinquante ans que je vous sers,
vous ne pouvez m'accorder un quart d'heure
vie ! Ah ! si j'avais servi aussi fidèlement et a
longtemps le Seigneur, il m'accorderait à pr
sent, non pas un quart d'heure de vie, mais u
éternité de bonheur. » Un instant après, il r
dit l'esprit.

74. Le papillon et l'abeille.

S'il fait beau temps,
Disait un papillon volage,
S'il fait beau temps,
Je vais folâtrer dans les champs.
Et moi, lui dit l'abeille sage,
Je vais avancer mon ouvrage,
S'il fait beau temps.

75. Le petit écolier.

Un petit enfant s'en allait à l'école ; mais il
it triste et il aurait préféré passer son temps
'amuser. Il vit une abeille, et lui dit : « Char-
nte abeille, je dois aller à l'école ; mais je m'y
uie ; si tu veux nous jouerons, nous rirons
emble, et tu m'apprendras à voler. »--« Oh !
, petit enfant, répondit l'abeille, je ne puis
muser, vois-tu quel beau jour ! les fleurs
t écloses. Je viens d'un champ fleuri, je vole
a ruche, et vite je retourne aux fleurs. Le
ps passe, je suis pressée. Adieux ! petit en-
t, cherche quelque autre qui s'amuse avec
. »

Le petit enfant s'adressa alors à une hiron-
lle qui, en passant, effleurait sa joue rose.--

« Oh! bonjour, ma chère hirondelle! N'est-ce p
toi qui loges sous notre toit? Arrête, arrête! re
auprès de moi et jouons ensemble. Vois-tu,
suis un bon petit camarade, et je t'en aime
davantage. » — « Je le voudrais bien, petit e
fant, répondit l'hirondelle, mais l'hiver a e
dommagé et dégarni mon nid; il faut que vite
le répare et le garnisse. Le temps passe, il fa
que j'en profite. Adieu! petit enfant. » L'hiro
delle s'envola, et l'enfant resta muet, la tê
baissée.

Puis, continuant lentement son chemin,
rencontra un dogue. Il s'en approcha et lui di
« Bon dogue, écoute mon chagrin, je n'ai
pas mon livre que voici; c'est mon tourme
de tous les jours. Tu sais de jolis jeux et m
j'en sais aussi. Tu n'as rien à faire, bon dogu
si tu veux, nous jouerons ensemble. » — Le d
gue répondit : « Enfant, tu te trompes, si
crois que je n'ai rien à faire. Ecoute! je suis
gardien fidèle de tout ce domaine, j'en écar
les voleurs et je passe toutes les nuits à fai
bonne garde. Le jour seulement je m'accor
quelque peu de repos. Pendant que mon maît
travaille aux champs, je garde ici sa maison

son trésor. Va, petit enfant, crois-moi, laisse-là ton jeu et applique-toi à lire dans ton livre.

Cette fois, notre petit écolier satisfait, remercia le dogue de sa leçon, puis vite il courut à l'école, où il arriva pourtant un peu tard. Il se donna de la peine, et, avant le mois d'août, il lisait couramment dans son livre.

76. Bon emploi du temps.

Notre vie est si courte ! il faut bien l'employer.
Travaillez, chers enfants, dès l'âge le plus tendre ;
Oh ! ne dites jamais : Il est permis d'attendre.
Le travail est si doux, pourquoi vous effrayer !
    Le travail pour vous, c'est de l'or ;
    Car travailler, c'est s'instruire,
    C'est vous préparer un trésor
    Que rien ne saurait détruire.

77. Modestie en classe.

Saint Louis de Gonzague était d'une si grande modestie lorsqu'il allait en classe, que les écoliers s'arrêtaient dans la cour du collége pour le voir passer ; plusieurs en étaient touchés et se sentaient excités à la vertu en le voyant. Cette même modestie paraissait sur son visage pendant tout le temps de la classe, mais d'une façon si charmante, que beaucoup de personnes y venaient, seulement pour être édifiées de sa conduite.

78. Le jeune Stanislas.

Saint Stanislas Kostka avait choisi, dès son bas âge, la très-sainte Vierge pour sa mère. Il ne se lassait point de parler d'elle. Son bonheur était d'orner de fleurs ses statues. Toujours il avait, entre les mains, ou son image, ou un chapelet, ou quelque livre traitant de ses grandeurs. Il avait prié cette bonne Mère de lui obtenir de mourir le jour de la fête de sa glorieuse Assomption. Sa prière fut exaucée ; il mourut, en effet, le 15 août, âgé seulement de dix-neuf ans, mais ayant déjà atteint une haute sainteté, fruit de sa dévotion à la très-sainte Vierge.

79. L'écolier et le serin.

Un enfant qui, toujours paresseux et volage,
  En deux ans n'avait rien appris,
Entendit un serin qui, perché dans sa cage,
Sifflait parfaitement un air des plus jolis

Surpris, émerveillé de ce charmant ramage :
Je savais, dit l'enfant, qu'un serin chante bien ;
Mais j'ignorais qu'il pût être musicien :
Comment, ajouta-t-il, as-tu donc fait pour l'être ?
Comment j'ai fait ! répondit le serin :
J'ai profité des leçons de mon maître ;
Et lorsqu'il me sifflait le soir et le matin,
J'oubliais tout le reste, et j'étais tout oreille :
    C'est à force de l'écouter
Que j'ai, dans quelques mois, appris à l'imiter ;
Et c'est pourquoi l'on dit que je siffle à merveille.
    Mais il ne dépend que de toi
    De te rendre à ton tour habile ;
    Il ne faut qu'être, comme moi,
A ce que l'on t'enseigne, attentif et docile.
Que chaque enfant pour lui prenne cette leçon ;
    Elle est aussi sage qu'utile.
On n'apprend rien sans peine et sans attention :
Le savoir est le fruit de l'application.

80. Respect pour les maîtres.

L'Empereur Théodose — le — Grand, voulant
donner à son fils Arcadius une éducation con-
venable à son rang, s'adressa au pape Damase
pour obtenir de lui un précepteur qui, par son
savoir et ses vertus, pût remplir dignement une
telle charge. Le pape lui envoya Arsène, diacre
de l'Église romaine.

5

Arsène étant arrivé à la cour de Constantinople, l'Empereur le conduisit auprès de son fils, et lui dit : « Désormais, vous serez son père plus que je ne lui suis moi-même. »

Dès le lendemain, Arsène commença ses leçons. Théodose, étant survenu, trouva Arcadius revêtu de la pourpre et assis en présence de son maître debout. L'Empereur en témoigna son mécontentement, fit quitter à son fils les marques de sa dignité, et voulut qu'à l'avenir l'élève se tînt debout et la tête découverte en la présence de son précepteur, qui serait assis.

81. Le dimanche.

Le dimanche, premier jour de la semaine, est le jour du Seigneur. Nous devons le sanctifier par l'assistance à la sainte messe et aux autres offices divins et par la pratique des bonnes œuvres.

Le dimanche est aussi un jour de repos ; le travail y est défendu. Cependant on peut, en ce jour, prendre des récréations innocentes.

Les dimanches tu garderas
En servant Dieu dévotement.

82. Le profanateur du dimanche puni.

Saint Grégoire de Tours raconte que, sans tenir compte de la loi de Dieu, un cultivateur sortit le dimanche pour labourer son champ. Mais sa charrue, ayant besoin d'une réparation, il prit sa hache pour aller couper le bois nécessaire à cette fin. C'est là que Dieu l'attendait. Les doigts de ce malheureux se courbèrent et se serrèrent tellement autour du manche de sa hache, qu'il fut impossible de la lui arracher. Il porta, pendant deux années entières, cette marque visible de la colère de Dieu.

83. Les Fêtes de l'année.

L'année religieuse est ornée de beaux jours de fête.

Quatre de ces fêtes se célèbrent le jour où elles tombent et doivent être sanctifiées comme le dimanche. Ces fêtes sont :

1° *Noël*, où l'on honore l'Enfant-Jésus naissant dans une étable ;

2° *L'Ascension*, où l'on célèbre le triomphe de Jésus-Christ, montant au ciel ;

3° *L'Assomption*, qui nous rappelle que la

très-sainte Vierge Marie, après sa mort, fut transportée miraculeusement et couronnée dans le ciel ;

4° La *Toussaint*, instituée pour honorer tous les bienheureux du ciel, et pour remercier Dieu des grâces qu'il leur a accordées.

Deux autres grandes fêtes chrétiennes tombent et se célèbrent le dimanche. Ce sont :

1° La fête de *Pâques*, qui nous rappelle Jésus-Christ sortant glorieux du tombeau ;

2° La *Pentecôte*, où l'on célèbre la descente du St-Esprit sur les Apôtres dans le cénacle.

La solennité de deux autres grandes fêtes chrétiennes est renvoyée au dimanche suivant :

1° Celle de la *Fête-Dieu*, instituée en l'honneur du Très-Saint-Sacrement de l'autel, et remarquable par ses belles processions ;

2° Celle de l'*Epiphanie*, ou le *jour des Rois*, qui nous rappelle l'apparition de l'étoile aux Mages et notre vocation au Christianisme.

> Les fêtes tu sanctifieras
> Qui te sont de commandement.

84. La pieuse mercière.

Dans la ville du Mans demeurait une personne

qui gagnait honnêtement sa vie moyennant un petit commerce. Elle était très-pieuse, et tenait sa boutique fermée les jours de dimanche et de fête. Sa probité lui avait gagné la confiance d'un grand nombre d'habitants. Des personnes d'ailleurs peu religieuses, arrivaient chez elle le samedi pour faire leurs emplettes, qu'elles ne pourraient faire le dimanche. Elle vendait plus que bien d'autres marchands, dont les magasins étaient toujours ouverts. Elle acquit par son commerce une certaine aisance qui lui permit de prendre part à beaucoup de bonnes œuvres, et de laisser, en mourant, un héritage considérable à sa famille.

Dieu avait ainsi béni sa probité, son travail et surtout la fidélité avec laquelle elle sanctifiait les dimanches et les fêtes.

85. Blasphèmes punis.

Un jour, deux Israélites s'étant pris de querelle, l'un deux se permit de blasphémer le saint nom de Dieu. Aussitôt on l'arrêta, et Moïse consulta le Seigneur pour savoir quel châtiment il fallait infliger au coupable. Dieu lui répondit : « Faites-le sortir du camp ; que tous ceux qui

« ont entendu ses blasphèmes mettent la main
« sur lui et qu'il soit lapidé par tout le peuple. »
Cet arrêt de Dieu fut aussitôt exécuté.

Dieu envain tu ne jureras,
Ni autre chose pareillement.

86. Respect dû aux prêtres.

Saint Martin, évêque de Tours, se rendit un
jour à Trèves pour solliciter la grâce de quelques malheureux auprès de l'empereur Maxime.
Ce prince regarda comme le sujet d'une joie
extraordinaire d'avoir obtenu du saint évêque
qu'il mangeât à sa table. Il invita toutes les personnes les plus considérables de sa cour, entre
autres son frère et son oncle, tous les deux
comtes, et le préfet du prétoire. Le Saint fut
placé à côté de l'empereur, et un prêtre qui
l'accompagnait, entre les deux comtes.

Au milieu du repas, un officier présenta, selon l'usage, la coupe à l'empereur. Maxime ordonna de la présenter à saint Martin, s'attendant
à la recevoir de sa main; mais l'évêque, ayant
bu, la donna à son prêtre, comme à la personne
la plus digne de l'assemblée. L'empereur et
toute sa cour applaudirent à cette action.

87. Compliment de bonne année.

Moi, qui suis un tout jeune enfant,
Je n'entends rien aux compliments,
Voici les simples vœux que mon cœur manifeste ;
Mes chers parents, bon jour, bon an, bonne santé,
    Du repos et de la gaieté,
Et dans cent ans au moins, la demeure céleste !

88. Les Étrennes.

Ces quatre petits vers vous disent le bonjour ;
Ces quatre petits vers vous peignent mon amour ;
Ces quatre petits vers vous offrent mes étrennes ;
Ces quatre petits vers vous demandent les miennes.

89. Le petit cœur.

Mon petit cœur qui toujours trotte,
Qui fait toujours tique, taque, pan, pan,
    Me dit hier tout frétillant,
Comme je passais ma culotte :
C'est demain le premier de l'an !
Allons, petit, un compliment
Pour le papa, pour la maman.....
Bien vite, bien vite, bien vite !
S'il n'était pas fait tout de suite
Les rats mangeraient les bonbons,
Car ils les aiment, ces lurons,
Tout comme les petits garçons.

Est-ce pour ces vilaines bêtes
Que les pralines furent faites ?
C'est bien pour moi, pas vrai maman ?
Eh bien ! s'il vous plaît, donnez-m'en ;
Quand j'en aurai goûté quelqu'une
Mon compliment sera plus doux,
Comme je vais penser à vous !
En les croquant, je dirai sur chacune :
(Et voilà bien mon compliment !)
« Bonne, bonne ! mais pas si bonne,
Et je ne l'aime pas autant,
Que la bonne main qui la donne. »

90. Aide-toi, le Ciel t'aidera.

Le cultivateur laboure ; il sème, il plante, il arrose ; mais c'est Dieu qui fait germer la semence. Le laboureur fait ce qu'il peut ; le bon Dieu se charge de faire ce que l'homme ne saurait faire. Voyez, comme pendant l'hiver, il couvre les plantes d'un vêtement de neige ! Voyez, comme en été il réchauffe et vivifie ces plantes par le soleil et par la pluie ! O homme ! fais ce que tu dois, confie le reste au Seigneur, et n'oublie pas ces paroles :

Aide-toi, le Ciel t'aidera.

91. Le laboureur et ses fils.

Travaillez, prenez de la peine ;
C'est le fonds qui manque le moins :
Un riche laboureur, sentant sa mort prochaine,
Fit venir ses enfants, leur parla sans témoins :
Gardez-vous, leur dit-il, de vendre l'héritage
    Que nous ont laissé nos parents :
    Un trésor est caché dedans.
Je ne sais pas l'endroit ; mais un peu de courage
Vous le fera trouver ; vous en viendrez à bout
Remuez votre champ dès qu'on aura fait l'août,
Creusez, fouillez, bêchez, ne laissez nulle place
    Où la main ne passe et ne repasse.
Le père mort, les fils vous retournent le champ
Deçà, de là, partout ; si bien qu'au bout de l'an
    Il en rapporta davantage.
D'argent, point de caché. Mais le père fut sage
    De leur montrer avant sa mort
    Que le travail est un trésor.

92. Les professions.

Le menuisier scie le bois, rabote les planches
et fait des meubles. Le ferblantier fabrique des
lampes, des arrosoirs, des chéneaux. Le meunier
moud le blé pour en faire de la farine. Le bou-
langer cuit le pain. Le tailleur d'habits fait des
pantalons, des gilets, des vestes. Le cordonnier

fait des souliers, des bottes. Le tanneur fabrique
le cuir. Le maréchal-ferrant ferre les chevaux
Le serrurier fait toutes sortes d'outils en fer. Le
tisserand tisse la toile, les mouchoirs et autres
étoffes. Le cultivateur laboure la terre, l'ensemence, lève les récoltes. Le bûcheron coupe et
façonne le bois. Le cuisinier prépare les repas.

93. L'horloger.

L'horloger est un homme très-habile. Au
moyen de tout petits instruments, il confectionne
et joint ensemble des roues, des tenons, des vis,
des timbres, des cadrans, et en fait des horloges
et des montres. Dans son atelier, on voit des
montres d'or et d'argent, des horloges que sup-
portent d'élégantes colonnes, et des pendules
de toute dimension. On y entend un *tic tac* con-
tinuel et sur tous les tons. Et lorsque l'heure
sonne, quel tintamarre ! c'est à vous étourdir !
Ici, vous entendez une pendule qui imite le chant
du coucou ; là, une autre qui joue l'air de *Mal-
borough* ou le *Robin des Bois*. Vraiment c'est
un homme très-habile que l'horloger.

94. Le firmament ou le ciel.

Le ciel est cette voûte apparente et azurée ue nous voyons au-dessus de nos têtes. Le ciel t quelquefois sombre et couvert de nuages. ouvent le matin, il est rouge du côté du *levant*, t le soir, du côté du *couchant*. Quand le ciel t clair, nous y apercevons le soleil que Dieu a réé pour présider au jour, la lune qu'il a faite our présider à la nuit, et les étoiles qu'il a estinées à orner la voûte du ciel.

95. Le matin.

Le repos de la nuit a été tranquille et calme. e réveil sonne. L'homme sort du lit, adresse a prière à Dieu et quitte sa demeure pour va- uer à ses affaires. C'est le matin. Alors, l'au- rore apparaît à l'orient. La lune et les étoiles âlissent. Les oiseaux entonnent leur hymne à a louange du Créateur. Le soleil se lève. Les roupeaux quittent l'étable et vont au pâturage. 'abeille va butiner sur les fleurs qui s'épanouis- ent. Le pigeon roucoule. Le coq chante. La loche sonne l'*Angelus*. La journée a commencé.

96. L'amour de la prière.

Saint Antoine, patriarche des cénobites, avai
tant d'attrait pour la prière qu'il y consacrait d
longues heures pendant la journée et souven
des nuits entières. Quand le matin il voyait bril
ler les rayons du soleil, il s'écriait : « Beau soleil
pourquoi viens-tu me distraire ? »

Ce saint disait que l'univers était comme u
grand livre où chacun pouvait lire et apprendr
à connaître Dieu. — En effet, tous les objet
que nous voyons nous font souvenir de Dieu
admirer sa puissance, sa bonté, ses grandeurs
Les fleurs et les astres, la terre et les cieux
toutes les créatures nous montrent Dieu et nou
parlent de Dieu à leur manière ; mais notr
peu de foi nous empêche de comprendre leu
langage.

97. Le coq.

Une mère de famille très-active éveillait tou
les matins ses deux servantes, au premier chan
du coq. Celles-ci s'irritèrent si fort contre l
pauvre animal, qu'elles l'égorgèrent, afin d

ouvoir rester plus longtemps au lit. Mais qu'ar-
iva-t-il ? La vieille maîtresse, ne sachant plus
uelle heure il était, les éveilla dès ce moment
eaucoup plus tôt que par le passé, quelquefois
ême à minuit.

En voulant se soustraire à quelque faible gêne,
On s'attire souvent une plus grande peine.

98. Hymne de l'enfant à son réveil.

O Père, qu'adore mon père,
Toi, qu'on ne nomme qu'à genoux !
Toi, dont le nom terrible et doux
Fait courber le front de ma mère.

On dit que ce brillant soleil,
N'est qu'un jouet de ta puissance ;
Que sous tes pieds il se balance
Comme une lampe de vermeil.

On dit que c'est toi qui fais naître
Les petits oiseaux dans les champs,
Et donnes aux petits enfants
Une âme aussi pour te connaître !

On dit que c'est toi qui produis
Les fleurs dont le jardin se pare,
Et que sans toi, toujours avare,
Le verger n'aurait point de fruits.

Aux dons que ta bonté mesure
Tout l'univers est convié;

Nul insecte n'est oublié
A ce festin de la nature.

Et pour obtenir chaque don
Que chaque jour tu fais éclore,
A midi, le soir, à l'aurore,
Que faut-il ? prononcer ton nom !

O Dieu, ma bouche balbutie
Ce nom des anges redouté ;
Un enfant même est écouté
Dans le cœur qui te glorifie.

Ah ! puisqu'il entend de si loin
Les vœux que notre bouche adresse,
Je veux lui demander sans cesse
Ce dont les autres ont besoin.

Donne une famille nombreuse
Au père qui craint le Seigneur;
Donne à moi sagesse et bonheur,
Pour que ma mère soit heureuse.

Donne au malade la santé,
Au mendiant le pain qu'il pleure,
A l'orphelin une demeure,
Au prisonnier la liberté.

Mets dans mon âme la justice,
Sur mes lèvres la vérité,
Qu'avec crainte et docilité
Ta parole en mon cœur mûrisse.

Et que ma voix s'élève à toi,
Comme cette douce fumée
Que balance l'urne embaumée
Dans la main d'enfants comme moi !

99. Dieu prend soin de ceux qui se confient en lui.

Thérèse était une pauvre veuve, mère de cinq petits enfants. Un matin elle leur dit : « Mes chers enfants, aujourd'hui je ne puis rien vous donner à manger ; je n'ai ni pain, ni farine, ni même un œuf. Priez le bon Dieu qu'il nous vienne en aide. Il est riche et puissant, et il dit lui-même : Invoquez-moi dans vos besoins, et je vous secourrai. Là-dessus le petit Chrétien, à peine âgé de huit ans, se rendit à l'école, à jeun et bien triste. En passant devant l'église, il en vit la porte ouverte. Il y entra et s'agenouilla devant l'autel. Ne voyant personne, il fit sa prière à haute voix : « O bon Père, qui êtes dans les cieux ! nous sommes cinq enfants et nous n'avons rien à manger. Notre mère n'a ni pain, ni farine, ni même un seul œuf. Donnez-nous donc de quoi manger, afin que nous ne mourions pas de faim avec notre bonne mère. Ah ! venez à notre aide ! Vous êtes riche et puissant, et vous avez promis de secourir ceux qui vous invoquent. »

Ainsi pria Chrétien dans la simplicité de

son cœur, et il s'en alla ensuite à l'école. Quand il revint à la maison, il aperçut sur la table une grande miche de pain, un plat de farine et une corbeille remplie d'œufs. « Que le bon Dieu soit béni ! s'écria-t-il tout joyeux. Bonne mère est-ce un ange qui nous a apporté tout cela par la fenêtre ? » — « Non, dit la mère ; mais le bon Dieu a exaucé ta prière. Lorsque tu étais à genoux devant l'autel, et que tu priais à haute voix, une bonne dame se trouvait derrière une colonne. Tu ne pouvais pas la voir ; mais elle t'a vu et entendu. C'est elle qui nous a envoyé tout ce que tu vois. Chers enfants, remerciez bien le bon Dieu de ce secours, et n'oubliez jamais de l'invoquer dans vos besoins. »

100. Le grand-père Léon.

Le grand-père Léon s'en allait un jour aux champs avec son petit-fils Charles, âgé de sept ans. Comme ils arrivaient dans la campagne, le soleil se leva : ce n'était d'abord qu'une bande rougeâtre à l'horizon ; mais elle devint bientôt comme un vaste incendie, l'orient parut tout en feu.

A ce moment, le père Léon garda le silence,

découvrit ses cheveux blancs et fit sa prière à Dieu.

Cependant Charles ouvrait de grands yeux, poussait des cris de joie en admirant la beauté du spectacle.

Le père Léon, reprenant la parole, dit : « Mon enfant, c'est Dieu, comme tu le sais déjà, qui a fait tout l'univers. Le soleil est l'œuvre de ses mains, et la magnificence de l'astre du jour n'est qu'une faible image de la splendeur de la gloire de Dieu. La prière est l'hommage le plus indispensable que nous lui devions. C'est pour l'honorer et lui demander ses grâces, que le matin et le soir nous le prions.

Charles aussitôt joignit ses petites mains et commença sa prière.

101. Paroles de Jésus-Christ.

1. Tout ce que vous demanderez à mon Père en mon nom, il vous l'accordera.—2. Demandez et vous recevrez. — 3. Veillez et priez, afin que vous n'entriez point en tentation. — 4. Il faut toujours prier et ne point se lasser de le faire.—5. Que sert à l'homme de gagner le monde entier, s'il vient à perdre son âme ?

102. Le soir.

Le soleil va se coucher, et de nouveau le ciel se colore : c'est le crépuscule. De légers brouillards se lèvent, et une douce brise, caressant le feuillage, tempère la chaleur du jour. Les oiseaux se taisent et des essaims d'insectes voltigent dans les airs. Les cultivateurs quittent leurs champs ; les artisans, leurs ateliers, et la cloche du soir les rappelle tous à la prière. Les derniers rayons du soleil ont disparu. Il fait nuit. Dans toutes les maisons on a allumé des flambeaux, et au firmament scintillent des milliers d'étoiles. La mère soigneuse a préparé le souper. Après le repas, on fait la prière et l'on se couche. Chacun dort ; mais Dieu veille sur nous par le ministère de ses anges.

Quand l'ange du Seigneur écarte tous nos maux,
Que le repos est doux après de longs travaux !

103. L'Ange gardien.

Veillez sur moi quand je m'éveille,
    Bon ange, puisque Dieu l'a dit ;
    Et chaque nuit quand je sommeille,
    Penchez-vous sur mon petit lit.
    Ayez pitié de ma faiblesse,
    A mes côtés marchez sans cesse ;

Parlez-moi le long du chemin ;
Et pendant que je vous écoute,
De peur que je ne tombe en route,
Bon ange, donnez-moi la main ?

104. Le rêve.

Un enfant, nommé Léopold, pleurait amère-
ment un jour en se levant, et de grosses larmes
coulaient sur ses joues. Son père et sa mère al-
lèrent à lui tout effrayés, croyant qu'il lui était
arrivé un accident ou qu'il était malade. Qu'as-
tu, cher enfant, lui demanda sa mère ? qui est-
ce qui t'a fait du mal ?

L'enfant répondit en pleurant : J'avais tout à
l'heure douze jolis petits moutons, blancs comme
la neige ; ils marchaient autour de moi, me lé-
chaient la main, et j'étais assis au milieu d'eux,
une houlette à la main ; à présent ils sont partis,
et je ne sais pas ce qu'ils sont devenus. En disant ces mots, il recommença à pleurer plus
fort encore. Les parents comprirent que la cause
de son chagrin n'était qu'un rêve, et ils se re-
gardèrent en souriant.

Le père dit à la mère : Nous rions, mère ;

et cependant nos gémissements et nos chagrins ne sont souvent que des larmes d'enfant, la plupart de nos désirs et de nos souhaits ne ressemblent-ils pas au rêve de Léopold ?

105. Songes de Joseph.

Joseph avait travaillé un jour à la campagne avec ses frères ; la nuit suivante il eut un songe qui lui parut singulier et qu'il leur raconta aussitôt : « J'ai songé, leur dit-il, que nous étions ensemble occupés à lier des gerbes dans notre champ. Tout à coup ma gerbe se leva de terre et se tint debout, tandis que les autres courbaient la tête devant la mienne et paraissaient l'adorer (1). » Alors ses frères indignés lui dirent : « Quoi ! tu serais un jour notre roi, et nous serions tes sujets ? » — Dès ce moment, leur jalousie contre lui devint furieuse, et l'innocent jeune homme, y mit le comble sans s'en douter en leur disant une autre fois : « J'ai vu en songe le soleil, la lune et onze étoiles qui

---

(1) Le mot *adorer* ne désigne pas toujours, dans l'Ecriture-Sainte, le culte suprême, il signifie quelquefois *honorer*, *vénérer*.

m'adoraient. » C'en fut assez : ses frères dès-
lors résolurent de le perdre.

Ces deux songes se sont-ils réalisés ?— Com-
ment cela ?

106. La terre.

La terre que nous habitons, a la forme d'un
globe ou d'une boule immense. Elle se compose
de deux parties : l'eau et la terre ferme. L'eau
occupe à peu près les deux tiers de sa surface
et forme les mers, les lacs. La terre ferme comprend les continents et les îles. On trouve dans
le sein de la terre, des pierres, du cuivre, de
l'argent, de l'or, de la houille. La mer est habitée par une multitude immense de poissons,
qui servent à la nourriture de l'homme. A la
surface du globe, on remarque de grandes élé-
vations de terre, ce sont les montagnes.

La surface du globe est partagée en cinq parties : l'Europe, l'Asie, l'Afrique, l'Amérique et
l'Océanie. Ces cinq parties du monde sont, à
leur tour, divisées en contrées. Chaque contrée
est habitée par un peuple particulier. La France, notre glorieuse patrie, est une des contrées

de l'Europe ; elle a environ 36 millions d'habitants. Paris est la capitale de la France. C'est une des villes les plus belles et les plus peuplées de l'univers : elle compte près d'un million et demi d'habitants.

107. Les plantes.

Les plantes sont l'ornement de la terre. Dieu les a créées pour l'utilité et l'agrément de l'homme.

Parmi les plantes, on distingue les arbres fruitiers : le pommier, le poirier, le cerisier, le prunier, le noyer, l'abricotier, le pêcher.

Les principaux bois de construction sont le sapin et le chêne ; les bois propres à faire des meubles sont : le frêne, le hêtre, la charmille, l'érable, le peuplier, le tilleul.

Les arbrisseaux les plus remarquables de nos contrées sont la vigne, le noisetier, le groseillier.

On distingue encore : 1° les plantes potagères qui servent à la cuisine : les choux, la salade, les aulx, les ognons, les poireaux, les carottes, les choux-raves, les pois, les haricots, les lentilles ;

2° Les céréales dont on tire la farine pour

faire du pain : le blé, le seigle, l'orge, l'avoine, le maïs ;

3° Les plantes textiles dont l'écorce sert à faire du fil et de la toile : le lin, le chanvre ;

4° Les plantes oléagineuses dont la graine sert à faire de l'huile : la navette, le colza, le pavot ;

5° Les plantes d'ornement : le laurier, le rosier, le lis, la tulipe, la violette, la reine-marguerite, le dahlia.

108. Ne jetez pas de pierres.

Etienne savait fort bien lire et écrire. C'était un enfant très-poli et un des élèves les plus studieux de l'école. Mais, par malheur, il avait contracté la dangereuse habitude de jeter des pierres. Il avait une petite sœur fort gentille, qu'il aimait tendrement. Cette sœur lui disait souvent : Mon cher frère, je t'en prie, ne jette plus de pierres, car il pourrait t'arriver un grand malheur.

Etienne, qui avait promis de se corriger, sortit un jour avec ses parents. Pendant ce temps, sa sœur s'amusait dans le jardin qui se trouvait derrière la maison, le long de la route. Étienne, en rentrant, avait déjà oublié sa promesse ; il lança une pierre dans le jardin, et atteignit à l'œil sa pauvre sœur, qui en devint borgne.

109. Réflexions d'un écolier.

Je trouve quelquefois que mes maîtres sont trop sévères ; mais ne me trompé-je point dans mon jugement, et si je connaissais les motifs qui les font agir, ne serais-je pas obligé de reconnaître qu'ils ont raison ? Plus d'une fois déjà je me suis aperçu, quand le premier mouvement de dépit s'était calmé, que mes plaintes étaient injustes, et que la correction qu'on m'avait infligée n'était, après tout, qu'un acte de justice. Peut-être en est-il toujours ainsi, et au lieu de me plaindre d'une manière quelquefois peu respectueuse, ne ferais-je pas mieux de chercher à me corriger ? Je suis trop pétulant, trop dissipé, trop amateur du jeu ; je néglige mes devoirs, je les fais trop vite ou je les fais mal ; je n'étudie pas assez mes leçons, même il m'est arrivé déjà, —oserais-je le dire ?—de faire l'école buissonnière. Est-ce là le fait d'un bon élève ? Ne suis-je pas dans mon tort toutes les fois que l'une ou l'autre de ces choses m'arrive ? et devrais-je en vouloir à mes maîtres, s'ils me mettent en pénitence, et si je suis privé des récompenses accordées à ceux de mes camarades dont la conduite et l'application font leur joie et leur consolation ?

110. L'eau.

L'eau est liquide et transparente. Dieu l'a généralement répandue dans la nature, parce que partout on en a besoin. L'eau est la boisson la plus salutaire. Elle rafraîchit, désaltère, purifie. Elle sert à la préparation de beaucoup d'aliments. Sans l'eau, ni les hommes, ni les animaux, ni les plantes ne sauraient exister.

L'eau sert à transporter, dans les pays lointains, de grandes maisons de bois, appelées vaisseaux, remplies d'hommes et de marchandises. Elle met en mouvement la plupart des moulins et une foule d'usines.

En tombant en pluie, elle humecte la terre et la rend fertile. L'eau est donc un grand bienfait de Dieu.

111. L'eau du rocher.

La dernière année du séjour des Israélites dans le désert, il arriva qu'ils se trouvèrent en un endroit où il n'y avait point d'eau. Aussitôt ils se soulevèrent contre Moïse et Aaron, et leur firent de grands reproches, disant qu'ils les avaient fait sortir de l'Egypte pour les amener dans ce désert, où ils manquaient de tout, même d'eau.

Moïse et Aaron, tout consternés, se jetèrent la face contre terre, et prièrent le Seigneur de faire cesser les murmures du peuple en lui donnant de l'eau. Alors Dieu dit à Moïse : « Prenez votre baguette et rassemblez le peuple, « Vous et Aaron votre frère ; parlez au rocher « devant cette multitude, et il sortira du rocher « de l'eau, dont tout le peuple boira. » Moïse prit sa baguette, et, ayant assemblé le peuple devant le rocher, il lui dit : « Ecoutez, rebelles, pourrons-nous bien faire sortir de l'eau de ce rocher ? » En même temps, il leva la main et frappa deux fois le rocher, il en sortit une grande abondance d'eau dont le peuple but, ainsi que les troupeaux.

112. Le petit poisson et le pêcheur.

Petit poisson deviendra grand,
Pourvu que Dieu lui prête vie ;
Mais le lâcher en attendant,
Je tiens pour moi que c'est folie ;
Car de le rattraper, il n'est pas trop certain.
Un carpeau qui n'était encore que fretin,
Fut pris par un pêcheur au bord d'une rivière.
« Tout fait nombre, dit l'homme en voyant son butin,
Voilà commencement de chère et de festin :
Mettons-le en notre gibecière. »
Le pauvre Carpillon lui dit en sa manière :
« Que ferez-vous de moi ? Je ne saurais fournir
Au plus qu'une demi-bouchée,
Laissez-moi carpe devenir
Je serai par vous repêchée ;
Quelque gros partisan m'achètera bien cher ;
Au lieu qu'il vous en faut chercher
Peut-être encor cent de ma taille
Pour faire un plat; quel plat! croyez-moi, rien qui vaille! »
« Rien qui vaille ? eh bien ! soit, repartit le pêcheur :
Poisson, mon bel ami, qui faites le prêcheur,
Vous irez dans la poêle, et vous avez beau dire,
Dès ce soir on vous fera frire.
Un *tiens* vaut, ce dit-on, mieux que deux *tu l'auras*.
L'un est sûr, l'autre ne l'est pas. »

113. Les armes de saint Antoine.

Un jour, les disciples de saint Antoine lui
demandèrent de quelles armes il faut se servir

contre les attaques des démons. Le saint leur
répondit : « Mes enfants, Satan redoute surtout
« la prière, l'humilité, la pauvreté volontaire,
« et l'amour de Jésus-Christ. Le seul signe de
« croix suffit pour le désarmer et le mettre en
« fuite. »

Pour Jésus combattons en généreux soldats,
Ce puissant Roi des Cieux assiste à nos combats.

114. La pluie.

Un marchand revenait un jour de la foire : il
était à cheval, et il avait derrière lui sa valise
remplie d'argent. Il pleuvait à verse, et le bon
homme, mouillé jusqu'aux os, ne pouvait mo-
dérer son impatience : il murmurait de ce que
Dieu lui donnait un si mauvais temps pour son
voyage.

Bientôt après, en traversant une épaisse forêt, il aperçut avec effroi, derrière un arbre, un
brigand qui le guettait et qui le coucha en joue
avec son fusil. Le brigand voulut faire feu,
mais la poudre ayant été mouillée par la pluie,
le coup ne partit point, et le marchand, piquant
des deux, parvint à s'échapper heureusement.

Quand il se vit en sûreté, il dit en lui-même :
Que j'étais insensé de ne pas recevoir ce mauvais temps comme un bienfait particulier de la divine Providence ! Si le temps eût été sec et beau, je serais mort, je serais baigné dans mon sang à l'heure qu'il est, et ma famille éplorée attendrait en vain mon retour. La pluie qui me faisait murmurer, m'a sauvé à la fois la vie et la bourse.

Souvent ce qui nous semble un horrible malheur,
Est de la Providence une insigne faveur.

115. Les quatre saisons.

Il est quatre saisons qui composent l'année :
Le *printemps*, où des fleurs la prairie est ornée ;
L'*été* qui vient mûrir les épis dans les champs ;
L'*automne* avec ses fruits et ses vins excellents ;
L'*hiver*, dont les frimas attristent la nature,
Et que le malheureux péniblement endure.

116. Le printemps.

Le soleil monte de plus en plus au firmament ; ses rayons sont plus ardents et les jours deviennent plus longs. Il fait plus chaud, et la neige et la glace se fondent sous l'influence des doux zéphyrs. C'est le printemps.

Déjà les arbres bourgeonnent et reverdissent, les violettes et les tulipes fleurissent. Les papillons voltigent dans les airs, et les abeilles, en bourdonnant, vont butiner le miel dans le calice des fleurs. Les fauvettes animent les bosquets. L'alouette et le rossignol chantent la saison des fleurs. Le merle siffle, le coucou se fait entendre, et la cigogne claquette au haut de l'église. Les nids se construisent sur les arbres, dans les haies et sous les toits. Le laboureur ensemence les champs, le vigneron taille sa vigne; partout renaissent la vie et le mouvement, sous la bénédiction de Dieu. Le printemps est une belle saison.

117. Le Hanneton.

Hanneton, qui sur tes ailes,
Nous amènes le printemps,
C'est toi qui sais des nouvelles
Du muguet et du beau temps.
　Dis-nous si les prés
　De fleurs sont parés ;
　Dis-nous si les bois
　Ont repris leur voix ;
　Dis si les oiseaux
　Ont des chants nouveaux ;

Si le rossignol
Dit : « Fa, ré, mi, sol ! »
Viens, apporte dans la ville
Tes joyeux bourdonnements ;
Pauvre étourdi, sois tranquille,
Va, ne crains rien des enfants ;
Ton jour de gaieté
Sera respecté,
On a tant plaisir
A te voir courir !
Vole en tournoyant,
Vole en bourdonnant,
Vole en rayonnant
Au soleil couchant,
Hanneton, qui sur tes ailes
Nous apporte le printemps.

118. Notre jardin.

Notre jardin est situé tout près de la maison.
Il est long de cinquante mètres et large de
trente. Deux belles allées le partage en quatre
parties égales et chaque partie est encore sub-
divisée en plusieurs carrés ou parterres. Le long
des allées se trouvent les plates-bandes, garnies
de fleurs et d'arbustes.

La terre du jardin est préparée. On y sème
des fleurs et des légumes. Les arbres sont net-
toyés, émondés et taillés. Partout on voit les

plantes pousser, croître et fleurir. Cependant le jardin réclame des soins assidus, et mon père y travaille presque chaque jour pendant plusieurs heures. Il en arrache les mauvaises herbes, il en attache les jeunes arbustes à des tuteurs et il en arrose les plantes lorsque la terre est sèche. Aussi notre jardin est-il très-beau. On y voit non-seulement des fruits ordinaires, tels que des cerises, des prunes, des pommes, des poires, des groseilles et des fraises; mais encore des abricots, des pêches, des amandes, des figues et des raisins de toute espèce.

Dans les plates-bandes, brillent les tulipes, les jacinthes, les narcisses, les auricules, les œillets, les violettes, les giroflées, les marguerites, les balsamines, les asters, les dahlias, et surtout une grande quantité de roses. Ailleurs croissent le persil, le céleri, le cerfeuil, les ognons, la salade, les concombres, les fèves, les radis, les choux, les choux-fleurs.

Il se trouve aussi dans notre jardin une buvette bien touffue, où, lorsqu'il fait beau, nous prenons nos repas les jours de dimanche et de fête. Le moineau, la fauvette, le rossignol et le chardonneret se chargent de faire la musique de

table. Comme alors la famille se trouve contente
et heureuse.

119. La désobéissance punie.

Un jour de printemps, Albert fut envoyé
chez son oncle qui demeurait au village voisin,
pour faire une commission très-pressante. Le
père lui avait recommandé de ne point s'arrêter
en chemin. Albert promit de bien courir. Il fallait
traverser une forêt où il y avait quantité d'oiseaux
et de fleurs. Albert fut d'abord enchanté du chant
de ces oiseaux, et oubliant sa promesse, au lieu de
hâter ses pas, il s'amusa à cueillir des fleurs.
Ayant aperçu un nid d'oiseau dans les branches
d'un chêne, la pensée lui vint d'aller voir s'il y
avait des œufs ou des petits. Il grimpa donc sur
l'arbre et s'avança sur la branche où se trouvait
le nid ; mais cette branche trop faible cède sous
le poids, et le malheureux Albert tombe par
terre et se casse une jambe. Un homme charitable étant venu à passer, le ramena à ses parents qui furent aussi affligés que surpris de voir
leur enfant en ce triste état. Il souffrit longtemps
de grandes douleurs. Dieu lui donna le temps

7

d'expier sa désobéissance et d'apprendre à suivre les avis de ses parents.

120. Le jeune oiseleur.

Pierre.—Ma mère, voyez donc le joli oiseau que je viens de prendre.

La mère. — Un oiseau ! où donc l'as-tu pris ?

Pierre. — Aujourd'hui, j'ai trouvé son nid dans la haie qui entoure notre jardin, j'ai attendu jusqu'au soir, alors je me suis approché du nid tout doucement, et avant que l'oiseau s'en aperçut, je le tenais déjà par les ailes.

La mère. — Et qu'est-ce qu'il y avait encore dans le nid ?

Pierre. — Dans le nid se trouvaient des petits. De jolis petits oiseaux qui n'avaient pas encore leurs plumes.

La mère. — Et que feras-tu maintenant de cet oiseau ?

Pierre. — Je le mettrai en cage devant la fenêtre.

La mère. — Et les petits ? qu'en sera-t-il ? qui les nourrira ? qui les élèvera ?

Pierre. — Oh ! je n'y pensais pas. Je vais vite les chercher ; c'est la mère qui les élèvera.

La mère. — Un instant, mon cher enfant. Si l'on nous enfermait, toi, ta sœur et moi dans une chambre bien petite et bien étroite, que ferais-tu ?

Pierre. — Oh ! ma chère mère, je serais bien malheureux ; je pleurerais toute la journée..., je mourrais. Mais personne ne serait assez méchant pour faire cela.

La mère. — C'est pourtant ce qu'on ferait de nous, si l'on était aussi cruel que tu l'es à l'égard de ces pauvres oiseaux. Et maintenant, voudras-tu encore chercher les petits et les mettre en cage ?

Pierre. — Non, ma bonne mère. — Pardonnez-moi d'avoir été si cruel à l'égard de ces pauvres petits oiseaux. Je n'avais pas réfléchi à ce que je faisais. Tenez, je laisse partir l'oiseau, pour qu'il s'envole auprès de ses petits.

La mère. — Très-bien ! mon enfant. Rappelle-toi toujours que le bon Dieu a créé les animaux pour qu'ils jouissent de la vie, et que ce serait une lâche cruauté que de les tourmenter.

121. Le nid de fauvette.

Je le tiens ce nid de fauvette,
Ils sont deux, trois, quatre petits !
Depuis si longtemps je vous guette,
Pauvres oiseaux, vous voilà pris !

Criez, sifflez, petits rebelles.
Débattez-vous ; oh ! c'est envain :
Vous n'avez pas encore d'ailes ;
Comment vous sauver de ma main ?

Mais quoi ! n'entends-je pas leur mère
Qui pousse des cris douloureux ?
Oui, je le vois ; oui, c'est leur père
Qui vient voltiger autour d'eux.

Ah ! pourrais-je causer leur peine,
Moi qui, l'été dans les vallons,
Venais m'endormir sous un chêne,
Au bruit de leurs douces chansons ?

Hélas ! si des bras de ma mère
Un méchant venait me ravir,
Je le sens bien, dans sa misère,
Elle n'aurait plus qu'à mourir.

Et je serais aussi barbare
Pour vous arracher vos enfants !
Non, non, que rien ne vous sépare ;
Non, les voici, je vous les rends.

Apprenez-leur, dans le bocage
A voltiger autour de vous ;

Qu'ils écoutent votre ramage
Pour former des sons aussi doux.

Et moi, dans la saison prochaine,
Je reviendrai dans ces vallons,
Dormir quelque fois sous un chêne
Au bruit de leurs jeunes chansons.

122. L'écho.

Le petit Georges ne savait pas encore ce que c'est qu'un écho. Un jour se trouvant dans un pré, il se mit à crier : « Ho ! Ho !... » et il entendit sortir aussitôt les mêmes mots du bosquet voisin : « Ho ! ho !..... » L'enfant étonné, se mit à crier : « Qui es-tu ?... » sur quoi la voix cria aussi : « Qui es-tu ?... » Piqué de ce qu'on lui renvoyait ses questions sans y répondre, Georges reprit : « Tu es un sot ! »....« Tu es un sot ! » répéta la voix du fond du bosquet. Pour le coup, Georges se mit en grande colère, et redoubla les injures qu'il envoyait vers la forêt. L'écho les lui rendit toutes avec fidélité. Là-dessus, il parcourut toute l'étendue du bocage pour chercher, en colère, le petit garçon qui, selon lui, s'amusait à le narguer ; mais il ne trouva personne.

Dépité de n'avoir pu se venger, Georges courut à la maison, et se plaignit à sa mère : « Un petit polisson, lui conta-t-il, s'est caché dans le bosquet pour m'injurier et me dire mille grossièretés. »—« Pour le coup, mon fils, tu t'accuses toi-même, répartit la mère. Sache que tu n'as rien entendu que tes propres paroles: souvent tu as vu ton visage réfléchi dans l'eau ; eh bien! tu viens d'entendre ta propre voix réfléchie de même dans la forêt. Si tu avais crié une parole honnête et obligeante, la forêt ne t'aurait rendu qu'une parole honnête et obligeante. »

C'est ainsi qu'il en arrive toujours. La conduite des autres à notre égard est ordinairement l'écho de la nôtre. Si nous nous comportons honnêtement envers eux, ils en useront de même avec nous ; mais si nous sommes durs et grossiers envers nos semblables, nous ne pourrons rien attendre de mieux de leur part.

Le monde est un écho
Qui ne flatte personne ;
Il répond bas ou haut
Sur le ton qu'on lui donne ;
Avec vous on procède
Comme vous procédez ;
Voulez-vous qu'on vous cède ?
Cédez.

123. L'été.

Au printemps succède l'été. Les rayons du soleil tombent presque verticalement sur la terre. Il fait bien chaud et les jours sont longs. De magnifiques fleurs ornent nos parterres et embaument les airs. Les fraises, les groseilles et les cerises sont mûrs ; les arbres sont chargés de fruits. On fauche les prés et l'on rentre les foins. De lourds épis jaunes annoncent l'approche des moissons. — De grand matin, les ouvriers se rendent aux champs, armés de faux et de faucilles. A midi commencent le roulement des voitures. Toutes les créatures remercient le Seigneur des bénédictions qu'il a répandues sur toute la terre.

Quelquefois, il s'élève en été de grands orages qui se déchargent ordinairement en pluies bienfaisantes. Il arrive aussi qu'ils amènent parfois de la grêle qui cause beaucoup de dommages aux fruits de la terre.

En général, les orages sont très-utiles : ils purifient l'atmosphère et fertilisent la campagne.

124. L'orage.

La mère.—Ecoutez, enfants ? Le tonnerre gronde, Il y a un orage au-dessus de nous. Bon Dieu, quel éclair ! Enfants, faites le signe de la croix.

Le père. — Je vais vite fermer les volets du côté où se trouve l'orage. (*Il revient aussitôt*). Mettons-nous maintenant à genoux, et prions Dieu de nous protéger.

Les enfants.—O bon Dieu ! quels éclairs ! Papa, entendez donc, comme il tonne !.... comme il pleut !...

Le père. — Enfants, n'ayez pas peur, le bon Dieu veille sur nous.

(Pendant que le père parlait, il y eut un violent coup de tonnerre.)

La petite Marie. — O maman, je suis morte !

La mère. — Du tout, petite enfant, n'aie pas peur,

Le père. — La foudre est tombée près d'ici. Dieu veuille qu'il n'y ait pas de malheur ! Les gens s'attroupent dans la rue. On crie : « Au feu ! au feu ! » Je vais porter du secours.

Enfants. — Ah ! papa ! restez avec nous, ne sortez pas, s'il vous plaît, par ce temps affreux !

La mère. — Enfants, calmez-vous, papa reviendra bientôt........

Enfants. — Ah ! voici papa qui revient déjà.

Le père. — Dieu soit béni ! La foudre est tombée sur le vieux tilleul qui est fendu de haut en bas. Exceptez cela, il n'y a point de dommage.

La mère. — Oh ! tant mieux ! Oui, Dieu soit béni ! Ecoutez !... il pleut à verse !

Le père. — Il n'y a plus de danger. — Grâce à Dieu ! Cette pluie fera grand bien à la campagne et aux prairies, qui en avaient grand besoin.

Les enfants. — Grâce à Dieu ! nous n'avons plus peur maintenant.

Le père. — Le vent chasse les nuages. Voici le soleil qui reparaît. Les oiseaux chantent de nouveau. Toute la nature a repris une nouvelle vie.

125. Les plus beaux bijoux

Une noble dame romaine, nommée Cornélie, avait deux fils ; ils étaient encore jeunes lorsque leur père mourut. La mère se chargea de les élever tous les deux et elle le fit avec tant de soins et de succès, que les deux enfants étonnèrent par leurs brillantes qualités de l'esprit et du cœur. Un jour Cornélie reçut la visite d'une autre dame qui était venue de la campagne à Rome. Celle-ci montrait avec complaisance ses bijoux et ses pierreries, pensant qu'à son tour Cornélie s'empresserait de lui montrer les siens ; mais cette excellente mère prolongea la conversation jusqu'à ce que ses deux fils fussent revenus de l'école ; à leur retour, elle les présenta à la dame étrangère, disant : « Voici, madame, mes bijoux et mes ornements. »

126. Évitez les transitions subites.

Emile, fils unique de parents très-riches, alla un jour d'été se baigner avec quelques-uns de ses camarades d'école. Ils se rendirent ensemble en un lieu isolé et éloigné. Emile très-vif, faisait l'empressé et courait en avant. Il arriva le premier à la rivière. Il se déshabilla promptement, mit son caleçon de bain, et, tout en sueur, il se jeta à l'eau. Mais, frappé d'un coup d'apoplexie, il disparut bientôt sous l'eau. Ses camarades étant arrivés, quelques-uns appelèrent Emile, d'autres le cherchèrent dans la rivière, où ils ne tardèrent pas à le trouver. Le malheureux enfant était noyé, et il ne fut plus possible de le rappeler à la vie.

127. Les épis, image du mérite des hommes.

Un cultivateur alla un jour visiter ses champs pour voir si la récolte serait bientôt à sa maturité. Il était accompagné de son fils, le petit Tobie.

Regardez donc, papa, dit l'enfant sans expérience, comme quelques-unes des tiges de blé tiennent leur tête droite et fière : ce sont apparemment les meilleures et les plus distinguées, et ces autres qui se baissent presque jusqu'à terre autour d'elles, sont assurément bien inférieures.

Le père cueillit quelques épis, et dit : Regarde un peu, mon enfant ; vois-tu cet épi qui dressait si fièrement la tête ? il est tout à fait vide ; au contraire, cet autre, qui s'inclinait avec tant de modestie, est rempli des plus beaux grains.

> Le vaniteux, dans ses airs de hauteur,
> Manque souvent et d'esprit et de cœur !

128. Multiplication des pains.

Une grande multitude de peuple suivait un jour Jésus-Christ dans le désert. Comme il se faisait tard, les disciples lui dirent : « Maître, renvoyez ces gens-là, afin qu'ils s'en aillent dans les villages et dans les lieux d'alentour, acheter de quoi manger. » Mais Jésus leur dit : « Combien avez-vous de pains ? » — Cinq, lui répondirent-ils, et deux poissons. » Alors Jésus leur dit : « Faites asseoir la foule sur l'herbe verte. » Puis il leva les yeux au ciel, il rompit les pains, les bénit, ainsi que les poissons, et il ordonna aux disciples de les distribuer.

Tout le monde mangea et fut rassasié, et l'on remporta douze corbeilles pleines des morceaux qui étaient restés. — Or, le nombre de ceux qui avaient pris part à ce repas, montait à cinq mille personnes, sans y comprendre les femmes et les petits enfants.

129. Le papillon et l'enfant.

Papillon, joli papillon,
Venez vite sur cette rose,
Pour vous, avec ce frais bouton,
Je l'ai cueillie à peine éclose.
Ainsi chantait un jeune enfant,
Et le voilà qui se dispose
A saisir l'insecte brillant,
Dès que sur la fleur il se pose.
L'insecte était malin, il répond : « Serviteur !
J'ai vu le piége, enfant, je ne vois plus la fleur. »

130. L'automne.

Les jours diminuent, la chaleur baisse, les soirées deviennent fraîches. Les cigognes, les hirondelles et les fauvettes nous quittent et vont chercher des climats plus doux. Les raisins mûrissent. Les enfants ont beaucoup de plaisir. Ils sont en vacance, et ils accompagnent leurs parents au verger et dans les vignes. Bientôt les fruits sont cueillis et les raisins vendangés.

Cependant les fleurs se fanent, et les feuilles des arbres jaunissent et tombent à terre. Souvent le matin et le soir, il s'élève d'épais brouillards. Le temps devient de plus en plus rude et froid. L'hiver approche.

C'est Dieu ne l'oublions jamais,
Qui chaque jour sur nous en abondance,
Verse à pleines mains ses bienfaits.
Payons ses dons par la reconnaissance.

131. Le renard et les raisins.

Un renard, quelque peu gascon, passait tout près d'un jardin. Il aperçut de beaux raisins à une treille. Il s'arrêta un instant, admira les raisins, dont il aurait fait volontiers son repas ; puis il continua son chemin, disant : « Je n'en veux pas, ils sont trop verts. »

Les raisins étaient bien mûrs au contraire ; mais la treille était trop élevée, et notre renard ne pouvait pas y grimper.

132. Le corbeau et le renard.

Maître Corbeau, sur un arbre perché,
Tenait en son bec un fromage.
Maître Renard par l'odeur alléché,
Lui tint à peu près ce langage :
Eh ! bonjour, monsieur du Corbeau !
Que vous êtes joli ! que vous me semblez beau !
Sans mentir, si votre ramage
Se rapporte à votre plumage,
Vous êtes le phénix des hôtes de ces bois.
A ces mots le corbeau ne se sent pas de joie :
Et pour montrer sa belle voix,
Il ouvre un large bec, laisse tomber sa proie.
Le renard s'en saisit et dit : Mon bon monsieur,
Apprenez que tout flatteur
Vit aux dépens de celui qui l'écoute.
Cette leçon vaut bien un fromage, sans doute !
Le corbeau, honteux et confus,
Jura, mais un peu tard, qu'on ne l'y prendrait plus.

133. La citrouille et le gland.

Un paysan se reposait, étendu sur l'herbe, à l'ombre d'un chêne séculaire, et s'amusait à considérer un plant de citrouilles, qui s'étendait en grimpant contre la haie d'un jardin voisin. A cette vue notre paysan se mit à secouer la tête, et dit en lui-même : « Hem ! hem ! je ne trouve pas bien que cette tige rampante et mince porte de si gros fruits, tandis que ce grand et superbe chêne n'en porte que de si petits. Si j'avais créé le monde, moi, c'est sur le chêne que j'aurais fait croître ces grosses et belles citrouilles, d'un beau jaune doré, et dont j'aurais voulu que la moindre pesât un quintal et plus ; alors tout eût été dans de justes proportions. »

A peine eût-il proféré ces paroles, qu'un gland vint à tomber de l'arbre, et le frappa si juste sur le nez que le sang en jaillit. — « Ouais ! » s'écria notre homme effrayé, « je viens de recevoir une bonne croquignole bien méritée par ma sottise : si ce gland eût été une citrouille, il n'aurait pas manqué de m'écraser le nez. »

Du monde entier la sublime ordonnance.
Montre du Créateur la sage prévoyance.

134. L'Hiver.

Les jours sont courts et les nuits longues. Les rayons du soleil ne nous arrivent que bien obliquement, aussi fait-il froid. La bise amène de sombres nuages au-dessus de nos têtes. La neige tourbillonne dans les airs en tombant à gros flocons. Elle sert de couverture aux végétaux pour les défendre contre la gelée. Les hommes aussi se couvrent de vêtements plus chauds, et toute la journée la flamme pétille au fourneau. Les petits oiseaux qui n'ont pas émigré, viennent chercher quelque nourriture près de l'habitation de l'homme. Tout dans la nature est triste et monotone. Cependant l'hiver a ses avantages et ses agréments. Alors que la nature se repose sous son voile de neige, la religion déploie la magnificence de ses cérémonies, dans la célébration de belles et grandes fêtes. La neige et la glace fournissent des amusements à la jeunesse, tandis que la vieillesse passe son temps autour du foyer.

135. Piété de saint François de Sales.

La plus aimable promenade que l'on put procurer au jeune François de Sales, lorsqu'il commençait à marcher, c'était de le conduire à l'église. — Alors il hâtait le pas, étendait ses petits bras comme pour arriver plus vite ; et une fois dans le saint temple, jamais il ne paraissait ennuyé ou chagrin, quel que fût le temps qu'il y demeurât. Les mains jointes, tantôt il inclinait son corps comme pour adorer, tantôt il fixait les yeux sur l'autel ou sur le prêtre qui officiait. On eût dit alors qu'il comprenait déjà quelque chose à ce qu'il voyait, et tous ses petits gestes respiraient la piété.

136. Amour de Tobie pour la justice.

Après que Tobie fut devenu aveugle, il se trouva réduit à l'indigence, et sa femme, nommée Anne, était obligée d'aller tous les jours travailler chez un tisserand pour gagner sa vie. Or il arriva qu'ayant reçu un jour un chevreau, elle l'apporta à la maison. Tobie l'ayant entendu crier, et ne pouvant croire que sa femme eût gagné un tel salaire, conçut quelque inquiétude. — « Prenez garde, dit-il à sa femme, que ce chevreau n'ait été dérobé ; rendez-le à qui il appartient, parce qu'il ne nous est pas permis de manger ce qui a été dérobé, ni même d'y toucher. » Tant était grand l'amour de Tobie pour la justice ! tant il craignait de faire le moindre tort au prochain !

137. L'enfant et les pommes.

Georges étant venu un soir chez Emile, son camarade, ne trouva personne dans la chambre, où, par oubli, il était entré, sans frapper à la porte. Il y avait près de la fenêtre un panier plein de pommes. « Oh ! les belles pommes ! » dit-il. Et ses mains s'ouvraient déjà pour en prendre. « Mais non, dit-il aussitôt, je n'en ferai rien. Voler des pommes serait un péché. Personne, il est vrai, ne se trouve ici ; mais le bon Dieu me voit, et il me défend de toucher à ces fruits... je n'y toucherai pas. » Là dessus Georges voulut se retirer ; mais un vieillard, assis derrière le fourneau, l'arrêta en disant : « Reste, mon enfant ! » — Comme

Georges fut effrayé ! — « N'aie pas peur, bon petit, continua le vieillard, tu es un enfant sage ; puisque tu as agi de la sorte, va ! prends autant de pommes que tu voudras. Conserve toujours la sainte crainte de Dieu et rappelle-toi que

Du haut de sa sainte demeure,
Un Dieu toujours veillant nous regarde marcher,
Il nous voit, nous entend, nous observe à toute heure ;
Et la plus sombre nuit ne saurait nous cacher.

138. Le petit voleur.

Le chasseur Maurice avait un étourneau qui amusait tout le voisinage. Il savait répéter parfaitement quelques phrases que son maître lui avaient apprises. Lui demandait-on : « Coco, où es-tu ? » L'oiseau répondait aussitôt : « Coco est ici ! » Le petit Jacques, fils du voisin, trouvait surtout son plaisir à faire jaser cet étourneau.

Un jour, se trouvant seul dans la chambre du chasseur, l'envie le prit de s'emparer de l'oiseau, et l'ayant mis dans sa poche, il allait se retirer lorsque Maurice survint. Celui-ci, pensant faire plaisir au petit garçon, dit selon sa coutume : « Coco, où es-tu ? » Aussitôt l'étourneau, mal à son aise dans sa nouvelle cage, s'écria de toutes ses forces : « Coco est ici ! » Le chasseur irrité reprit son oiseau et chassa pour toujours le petit voleur de sa maison.

Le bien d'autrui tu ne prendras
Ni retiendras à ton escient.

139. Les objets trouvés.

L'élève. — Monsieur, dit Hippolyte à son maître, que je suis content! J'ai trouvé sur la place un étui et un canif.

Le Maître. — Tu as trouvé ces objets, mon ami, et tu t'en réjouis. Mais pendant que tu es joyeux de les avoir trouvés, songe qu'un autre est chagrin de les avoir perdus....

Regarde plutôt au fond de la cour, et vois Xavier qui pleure.

L'élève. — Qu'est-ce donc qui le chagrine?

Le Maître. — C'est qu'il a précisément perdu, sur la place, un étui et un canif, et il sait que son papa et sa maman...

L'élève. — En ce cas-là, Monsieur, je vais immédiatement rendre à Xavier ce qui lui appartient; et ses parents n'auront pas sujet de le gronder.

Le Maître. — Tu n'as, en effet, rien de mieux à faire, mon enfant... Rappelle-toi qu'on ne peut jamais regarder comme à soi quelque objet qu'on trouve, mais qu'il faut le rendre à qui il appartient.

140. La renoncule et l'œillet.

La renoncule, un jour, dans un bouquet,
Avec l'œillet se trouva réunie;
Elle eut, le lendemain, le parfum de l'œillet:
On ne peut que gagner en bonne compagnie.

141. Maximes.

1. La vigilance et la prière nous rendent bons et sages. — 2. Le fils qui est sage est attentif aux conseils de son père ; mais le fils insensé se moque et n'écoute point, quand on le reprend. — 3. Respectez les cheveux blancs, cédez la place à la vieillesse et ayez pour elle les égards qui lui sont dus. — 4. Celui qui est fidèle dans les petites choses, l'est aussi dans les grandes. — 5. Peu parler et peu manger ne firent jamais de mal. — 6. Dites-moi qui vous fréquentez, je vous dirai qui vous êtes. — 7. Allez avec les bons et vous serez bons. — 8. Aimez Dieu par-dessus toute chose et cherchez à mériter le ciel plutôt qu'à vous procurer les jouissances de ce monde. — 9. Evitez le péché mortel avant tout, parce qu'il offense Dieu, fait perdre le ciel et précipite dans l'abîme éternel de l'enfer.

142. Ne mentez jamais.

Saint Jacques, évêque de Nisibe en Mésopotamie, allant un jour dans une ville voisine, rencontra sur son chemin quelques pauvres. Ceux-ci, en le voyant venir, imaginèrent une ruse pour le tromper. Ils convinrent qu'un deux contreferait le mort et que les autres demanderaient au saint évêque de quoi l'ensevelir.

Ils firent comme ils l'avaient dit. Le saint leur accorda ce qu'ils lui demandaient, et fit sa prière sur le prétendu mort, pour le repos de son âme.

Les mendiants se réjouissaient intérieurement du succès de leur ruse. Mais leur joie ne fut pas de longue durée ; saint Jacques s'étant éloigné, ils reconnurent que leur compagnon était réellement mort ; ils comprirent alors que cette mort était le châtiment de leur mensonge, et rentrant en eux-mêmes, ils coururent après le saint, lui confessèrent leur faute et le conjurèrent d'avoir pitié d'eux. Saint Jacques, ne consultant que sa charité, revint sur ses pas et, par ses prières, rendit le mort à la vie.

> Il est dangereux de mentir,
> Même en riant et pour se divertir.

143. Ananie et Saphire.

Les premiers chrétiens n'avaient qu'un cœur et qu'une âme. Personne d'entre eux ne possédait rien en propre, mais tout ce qu'ils avaient était en commun. Les riches vendaient leurs biens et en apportaient le prix aux apôtres, qui le distribuaient à chacun selon ses besoins.

Or, il arriva un jour qu'Ananie ayant vendu une terre, résolut avec sa femme Saphire de retenir en secret une partie de l'argent qu'il en avait retiré, et de n'apporter que le reste aux pieds des saints apôtres. Saint Pierre, justement indigné de cette avarice et de cette dissimulation, regardant Ananie, lui dit : « Comment Satan a-t-il perverti votre cœur jusqu'à vous faire mentir au Saint-Esprit et tenter de tromper sur le prix du champ ? Si vous l'aviez voulu garder, n'était-il pas

à vous ? Pourquoi donc avez-vous formé ce dessein
dans votre cœur ? Vous n'avez pas menti aux hommes,
mais à Dieu lui-même. »

A peine Ananie eut-il entendu ces paroles fou-
droyantes, qu'il tomba mort.

Trois heures après, Saphire, ne sachant pas ce qui
s'était passé, entra. Saint Pierre lui dit: « Femme, dites-
moi, n'avez-vous vendu le champ que ce prix-là ! » Elle
lui dit : « Oui. » Saint Pierre lui fit alors le même re-
proche qu'à son mari et il ajouta : « Les mêmes hommes qui viennent de porter Ananie au tombeau, vous
y porteront vous-même. » A l'instant Saphire tomba
aux pieds du saint apôtre et expira, et ces hommes,
arrivant en ce moment, l'emportèrent et l'ensevelirent
avec son mari.

144. Dieu le saura !

Dieu le saura !
Deux enfants près d'un presbytère
Trouvent un pauvre qui dormait.
Le ciel peut-être en songe, lui donnait
Ce que lui refusait la terre...
Le garçon se précipitant,
Veut l'éveiller pour offrir son aumône,
Quand sa jeune sœur l'arrêtant :
— On ne réveille pas un pauvre à qui l'on donne,
Dit-elle. — Du bienfait qui donc l'avertira ?
— Personne, mais Dieu le saura !

145. Fruit de la désobéissance.

Le petit Hubert avait la mauvaise habitude de courir
après les voitures et de s'y accrocher. Le maître avait
cependant recommandé en classe, à tous ses élèves,
de ne pas faire cela. Les parents d'Hubert eux-mêmes
l'en avaient souvent repris, mais en vain.

Un jour que la diligence passait, ce petit désobéis-
sant sauta sur le marche-pied. Le postillon qui s'en
aperçut, lui appliqua aussitôt un coup de fouet, qui
l'atteignit au visage. Hubert pousse un cri déchirant,
chancelle et tombe à terre. On accourt, on le relève ;
il avait les yeux tout ensanglantés. Ses parents, en le
voyant dans ce triste état, lui dirent : *Voilà donc,
malheureux enfant, le fruit de ta désobéissance.*
On s'empressa de lui donner les soins que ré-
clamait son mal. Hubert promit alors tout de bon de
bien obéir à l'avenir. Il eût bien fait de prendre cette
résolution plus tôt, car cet accident lui coûta un
œil.

146. Le blasphème est le langage de l'enfer.

Un pieux missionnaire, passant par un village, entendit des enfants blasphémer le saint nom de Dieu.
Voulant leur faire comprendre combien ils se rendaient
coupables et combien ils méritaient d'être punis de
Dieu, il leur parla en ces termes : « Dans cette paroisse, n'est-ce pas mes enfants, on parle français ? et si
vous y rencontriez un homme qui parlât allemand,

vous diriez que l'Allemagne est sa patrie ; s'il parlait espagnol, vous diriez qu'il vient d'Espagne ; s'il parlait anglais, vous diriez qu'il vient d'Angleterre, et vous le regarderiez comme un étranger qui, tôt ou tard, doit retourner dans sa patrie. Eh bien ! enfants blasphémateurs, me comprenez-vous ? Vous êtes dans un pays chrétien et catholique, et vous n'en parlez pas la langue ; je comprends, au contraire, par vos jurements et vos blasphèmes, que vous parlez la langue de l'enfer. Je dirai donc que vous êtes étrangers, que l'enfer est votre patrie, et qu'un jour vous irez rejoindre ceux qui parlent comme vous ! »

Que durent penser ces enfants en entendant ces paroles ?

..... Oui, Dieu veut être aimé,
Il venge tôt ou tard son saint nom blasphémé.

147. Le boudeur.

Edouard avait le défaut de faire la mine, dès qu'il se croyait tant soit peu offensé par quelqu'un. Il boudait quelquefois plusieurs jours de suite, ne parlant à personne et ne répondant pas aux questions qui lui étaient faites. Son père, homme sage, était désolé de ce vilain défaut de son fils. Il avait inutilement employé pour le corriger, les exhortations et les châtiments, lorsqu'il s'avisa de recommander à tous les gens de sa maison de bouder aussi son fils toutes les fois que celui-ci bouderait lui-même. Cet expédient confondit Edouard, et il se corrigea de son défaut. — L'enfant boudeur se rend ridicule et insupportable dans sa famille.

148. Aux petits rapporteurs.

C'est un bien grand défaut que d'aller rapporter :
Ne vous permettez pas cette lâche vengeance.
Si l'on vous fait du mal, sachez le supporter,
Qu'un oubli généreux suive à l'instant l'offense !

149. L'enfant mal élevé.

Emile avait des parents honnêtes et fortunés. Comme
il était fils unique, on allait au-devant de ses moin-
dres désirs. En bon fils, il eut dû se montrer reconnaissant de tant de bonté ; il eut dû s'efforcer de payer
de retour ses parents par beaucoup de respect et de
soumission et par une grande fidélité à tous ses devoirs.

Mais il en fut tout autrement : Emile était toujours
mécontent, sans cesse il murmurait et se plaignait. Si
on lui donnait un habit, il était ou trop large, ou trop
long, ou trop étroit. A table, les mets n'étaient jamais de son goût. Quand le temps était beau, la chaleur l'incommodait ; quand il était mauvais, il se ré-
criait contre la pluie. Les heures de classe étaient trop
longues, les devoirs trop difficiles ; en un mot, rien
était à sa guise : c'est-à-dire qu'Emile était malheureux et rendait malheureux tous ceux qui l'entouraient.
Il eût dû savoir que la vie est une épreuve,

Et que pour être heureux,
Il faut être vertueux.

159. Le solitaire et ses disciples.

Un ancien solitaire fut interrogé un jour par ses disciples sur la manière de corriger les défauts et de combattre les passions. Le sage vieillard conduisit ses disciples dans un lieu planté de cyprès ; il commanda à l'un d'entre eux d'arracher un petit cyprès qu'il lui montra. Le disciple l'arracha sans beaucoup de peines et d'une seule main. Le solitaire lui en désigna ensuite un autre un peu plus grand, qu'il arracha aussi, mais avec un peu plus d'efforts et en y mettant les deux mains. Arrachez maintenant celui-ci, dit le vieillard, en montrant un troisième cyprès qui était plus fort encore. Cette fois, il fallut au jeune disciple le secours d'un de ses compagnons ; mais ils en vinrent à bout. Enfin le solitaire désigna un quatrième arbre beaucoup plus gros ; mais tous les disciples réunis ne suffirent pas à l'arracher. « Voilà, mes enfants, dit alors le vieillard, voilà l'image de nos passions. Au commencement, quand elles n'ont pas encore pris racine, il est facile de les extirper, pour peu qu'on soit attentif à les combattre ; mais lorsqu'on leur a laissé prendre de profondes racines dans le cœur, il est très-difficile de s'en rendre maître. Travaillez donc de bonne heure, mes enfants, à combattre et à vaincre vos mauvais penchants ; par là, vous vous procurerez ici-bas des jours sereins et une éternité glorieuse au beau séjour des élus. »

—Sapez, dit un ancien, sapez le mal naissant :
Un remède tardif est souvent impuissant.

151. Le céleste édifice.

De notre céleste édifice
La *Foi* vive est le fondement ;
La sainte *Espérance* l'élève ;
L'ardente *Charité* l'achève
Et l'assure éternellement.

152. Les deux frères compatissants.

Pierre et Jean rentrèrent un soir de l'école. Ils saluèrent leur mère et lui demandèrent poliment à goûter. La mère donna à chacun un morceau de pain et une pomme, et elle leur permit d'aller s'amuser devant la maison. Tout-à-coup, il vint un petit garçon mal vêtu, qui conduisait par la main un vieillard aveugle. Pierre eut pitié de ces malheureux et dit à Jean : « Si tu veux, mon frère, pour l'amour du bon Dieu, nous donnerons notre goûter à ces deux pauvres. » — « Oh ! bien volontiers, » reprit Jean aussitôt. Alors Pierre donna son goûter au vieillard, et Jean donna le sien au petit garçon. — Cette bonne action fit cinq heureux. — *Lesquels ?*

153. L'aumône.

Dans nos livres sacrés, dans nos saintes prières,
De la main du bon Dieu nous le voyons écrit :
Que tous les pauvres sont nos frères ;
Et qu'ils sont comme nous, enfants de Jésus-Christ.
Enfants, donnez au pauvre, au pauvre qui vous prie ;
L'aumône est un parfum répandu sur la vie ;

Donnez, donnez au nom du ciel,
Vous en aurez la récompense.
Donnez, enfants, donnez ; l'aumône de l'enfance
Devient un souvenir aussi doux que le miel.

154. Lazare et le mauvais riche.

Il y avait un homme riche qui était vêtu de pourpre et de fin lin, et qui se traitait splendidement tous les jours. Il y avait aussi un pauvre nommé Lazare, couché à la porte du riche et tout couvert d'ulcères. Il désirait de se nourrir des miettes qui tombaient de la table du riche, et personne ne lui en donnait. Mais les chiens, moins inhumains que leur maître, venaient lécher ses plaies. Ce pauvre vint à mourir, et les anges le portèrent dans le sein d'Abraham. Le riche mourut aussi, et il fut enseveli dans l'enfer. Lorsqu'il était dans des tourments, élevant les yeux, il vit de loin Abraham avec Lazare dans le bonheur, et il s'écria: « Mon Père Abraham, ayez pitié de moi, et envoyez Lazare, afin qu'il trempe dans l'eau le bout du doigt et qu'il me rafraîchisse la langue ; car je suis cruellement tourmenté dans ces flammes.

« Mon fils, lui dit Abraham, souvenez-vous que vous avez reçu les biens pendant votre vie, et Lazare, les maux ; maintenant il est dans la joie, et vous, dans les souffrances. De plus, il y a un grand abîme entre vous et nous, de sorte que personne de nous ne peut descendre vers vous, ni aucun de vous monter jusqu'à nous. » — « Père Abraham, reprit le riche, je vous prie, au moins d'envoyer Lazare dans la maison de mon père, afin qu'il avertisse mes frères (car j'en ai cinq), de peur qu'ils ne viennent aussi eux-mêmes dans ce lieu de tourments. » — « Ils ont Moïse et les prophètes, lui répliqua Abraham, qu'ils les écoutent. » — « Non, père Abraham, mais si quelqu'un des morts retourne à eux, ils feront pénitence. » — Mais Abraham dit : « S'ils n'écoutent point Moïse et les prophètes, ils ne croiront pas non plus, quand même quelqu'un des morts ressusciterait. »

155. Charité chrétienne.

Saint Jean l'Aumônier, patriarche d'Alexandrie, aimait tellement les pauvres que pour pouvoir mieux les secourir, il vivait lui-même dans une extrême pauvreté. Il n'avait pour lit qu'une mauvaise couchette avec une couverture toute déchirée. Un des principaux de la ville lui en donna une, qui avait coûté trente-six pièces d'argent, et le conjura de s'en servir pour l'amour de lui. Il s'en servit en effet ; mais le souvenir de toutes les misères qu'il aurait pu soulager avec cette somme, le tourmenta toute une nuit, sans qu'il eût un instant de repos. Dès le matin, il envoya vendre la couverture pour en donner le prix aux pauvres. Celui qui lui en avait fait présent, la racheta et la lui fit reporter.

Le charitable pasteur la vendit une seconde et une troisième fois et dit enfin au riche bienfaiteur qui l'avait toujours rachetée et fait rapporter : « Nous verrons qui de nous deux se lassera le premier. » — Quel beau défi !

156. Anecdote tirée des Annales de la Sainte-Enfance.

Un petit garçon de trois ans seulement, ayant entendu parler du malheur des pauvres petits Chinois, désirait vivement, lui aussi, donner son sou pour les secourir. Il demanda donc un sou à sa mère, mais il ne put l'obtenir. Que va-t-il faire ? Le bon Dieu lui viendra en aide. — « Mon petit ami, lui dit un jour un monsieur qui se trouvait chez ses parents, veux-tu me chanter quelque chose de ce qu'on chante à l'asile. » — « Je veux bien, » répondit l'enfant qui, sans doute, avait déjà un doux espoir au cœur. — Il chanta donc un des plus jolis airs de l'asile. — « C'est très-bien, mon petit ami, dit le monsieur, quand il eut fini ; tiens, voilà un sou pour acheter du bonbon. » — L'enfant prend le sou, bien joyeux, mais il dit aussitôt : — « Non, non, ce sera pour les pauvres petits Chinois que mangent les cochons. » — Il met donc le sou dans sa poche et le lendemain matin, il court le donner à la Sœur de l'asile en lui disant : — « Tenez, chère Sœur, voilà un sou pour les petits Chinois, je vous en donnerai toujours, jusqu'à ce que j'aie tout payé. »

157. L'enfant et le petit écu.

Possesseur d'un petit écu,
Un enfant se croyait le plus riche du monde.
Le voilà qui fait voir ce trésor à la ronde,
En criant gaîment : J'ai bien lu !
A merveille, lui dit un sage ;

C'est le prix du savoir que vous avez reçu,
Du savoir tel qu'on peut le montrer à votre âge ;
Mais voulez-vous encore être heureux davantage ?
Aspirez, mon enfant, au prix de la vertu ;
Vous l'aurez, quand des biens vous saurez faire usage.
L'enfant entendit ce langage,
L'écu, d'après son cœur et sensible et bien né,
A rapporter le double est soudain destiné :
Avec le pauvre il le partage.

158. Le Singe.

Un singe entra par une fenêtre dans la chambre
d'un riche avare qui ne donnait jamais un centime aux
pauvres. Par hasard, il trouva la caisse toute remplie de pièces d'or et d'argent qu'il se mit aussitôt à
jeter par la fenêtre.

La foule, dans la rue, se disputa les pièces à coups
de poing. La caisse était vide quand arriva l'avare,
on peut se figurer sa colère. Il aurait tué le pauvre
animal, si, plus leste que lui, le singe n'eût bien vite
décampé. Il se lamenta et poussa des imprécations
contre le sot animal.

Accouru aux cris de l'avare, un sage voisin lui dit :
« C'est une folie, sans doute, que vient de faire votre
singe ; mais en est-ce une moins grande, que de
tenir renfermé votre argent dans une caisse, sans en
faire aucun usage ? »

L'or que l'on enfouit est un trésor perdu,
Du travail faites-en la juste récompense ;
Ou mieux le répandez au sein de l'indigence,
Dans le ciel, au centuple, il vous sera rendu.

159. Le Souvenir d'une mère.

Oh ! souviens-toi de cette main si chère,
Qui t'a comblé de soins et de bienfaits !
Le jour, la nuit, ta vigilante mère
De ton berceau ne s'écartait jamais ;
Les yeux fixés sur ta faible paupière ;
Quand tu goûtais un paisible sommeil,
Auprès de toi veillait ta bonne mère
Pour te sourire au moment du réveil.

Ta bouche encor ne savais pas le dire,
Mais tu savais, hélas ! déjà souffrir :
Dans tes soupirs une mère sut lire,
Et tu la vis aussitôt accourir :
Lorsque tes maux alarmaient sa tendresse,
Elle sentait plus que toi la douleur,
Combien de fois une douce caresse,
Et ses baisers ont-ils séché tes pleurs ?

O doux souvenir de ma mère !
Dans mon cœur tu vivras toujours,
Le soleil perdra sa lumière,
Les fleuves suspendront leurs cours ;
Mais moi, toujours, toujours, toujours,
Toujours, j'aimerai ma mère,
Toujours !

160. La piété filiale.

Un curé des environs de Rennes avait fait veni
chez lui trois enfants de l'un de ses paroissiens, réduit
la plus affreuse misère, pour leur faire prendre me

sure d'habits. L'hiver était bien rigoureux et les pauvres petits étaient transis de froid. Le bon curé leur dit
de s'approcher du foyer, et leur fait apporter du pain et
de la viande. Les deux aînés mangent leur portion
sans façon et de bon appétit. Pour le troisième, il re-
gardait la sienne d'un air satisfait, mais n'y touchait
pas. « Quoi ! mon enfant, lui dit le curé, tu ne manges
pas. » — « Non, monsieur le curé, répondit-il, je
garde mon pain et ma viande pour ma mère qui est
malade. » — « Mange toujours, mon petit ami, j'en-
verrai à ta maman ce qu'il lui faut. » — « Non, je ne
mangerai pas, je veux lui porter ce que j'ai ici, car maman
est malade. » A ces mots, les yeux de l'enfant se rem-
plirent de larmes. — « Ta mère, mon petit ami, ne
manquera de rien, reprit le curé, crois-moi, mange,
tu dois avoir faim. » — « Oui, j'ai faim, mais maman
est malade. » — « Eh bien ? voilà du pain et de la
viande que tu lui porteras toi-même ; mais je veux
que tu manges ce que je t'ai donné. » — « Dans ce cas-
là, monsieur le curé, je mangerai bien mon pain sec ;
ma viande je veux la garder pour maman. » En effet,
le pauvre petit mangea son pain sec. On ne put
obtenir de lui qu'il portât à sa bouche la viande
qu'on lui avait donnée ; il fallut la mettre avec celle qui
était destinée à sa mère, et lui donner une troisième
part pour lui-même, autrement cet aimable enfant se
fût obstiné à exécuter l'acte d'abstinence qu'il croyait
devoir faire pour sa pauvre mère malade.

Veille, ô Seigneur, sur mon père et ma mère ;
Tu sais combien leur tendresse m'est chère,
Je leur dois tant ! daigne t'en souvenir
Pour les bénir.

161. Absalon.

Absalon, oubliant le respect qu'il devait à son père, David, se révolta et prit les armes contre lui. David envoya aussitôt ses troupes pour soumettre les rebelles, en recommandant néanmoins d'épargner son fils. Les deux armées se rencontrèrent dans la forêt d'Ephraïm. Celle d'Absalon, quoique plus nombreuse, fut entièrement défaite, et le rebelle chercha à s'enfuir. Mais comme il passait sous un chêne touffu, sa longue chevelure s'embarrassa dans les branches de l'arbre, et sa mule, continuant à courir, il resta suspendu entre le ciel et la terre. Joab, qui commandait les troupes de David, étant survenu, perça de trois dards le cœur de ce fils ingrat et dénaturé.

162. Amour fraternel.

Le jeune Albert, âgé de neuf ans, aimait beaucou son frère, qui n'en avait que six. Un soir, ils jouaien ensemble devant la maison de leurs parents. On étai au commencement de l'hiver, et dans les montagne il fait bien froid. « Allez, mes chers enfants, leur di la mère, allez vous amuser et vous réchauffer ; vou pouvez courir jusqu'à l'entrée du bois, mais revene bientôt. » — Ils courent tout joyeux. Leur ardeur l emporte : ils pénètrent dans le bois ; ils avancent loi bien loin... Enfin ils s'arrêtent et veulent retourn sur leurs pas ; mais ils ne connaissent pas assez l sentiers qui se croisent en tous sens. La nuit approch Ils courent de tous côtés, ils s'égarent de plus en plu ils s'arrêtent épuisés, ils appellent, et l'écho des bois seul répond à leurs cris. Pour surcroît de malheur, il commençait à neiger. Où fuir ? où chercher un abri contre la rigueur du froid et la fureur des loups ? Tous deux se mirent à pleurer, levant au ciel leurs mains engourdies. Mais Albert, reprenant courage, essuie ses yeux et dit à son petit frère : — « Invoquons le bon Dieu, il ne nous abandonnera pas. Entrons dans cette grotte, nous y serons à l'abri du vent et de la neige. Puis, quand il fera jour, nous chercherons de nouveau notre chemin. » — En même temps, il se met à ramasser un tas de mousse et de feuilles sèches dont il forme comme un lit où il fait reposer son frère. Le pauvre petit grelottait à faire pitié, et répétait en gémissant : « J'ai froid ! »

Albert n'y tenait plus. Aussitôt, il ôte sa veste et en recouvre son frère bien-aimé. Puis il se couche auprès de lui pour le réchauffer encore davantage. Hélas, impuissante précaution de l'amour fraternel ! Le froid les saisissait de plus en plus tous les deux, et ils ne pouvaient échapper à une mort inévitable. Heureusement, leurs parents désolés s'étaient mis à leur recherche de toutes parts. Avec des sonnettes et des torches, ils avaient parcouru le bois en tous sens et enfin ils découvrirent la grotte où les deux enfants étaient blottis. Le père les gronda d'abord un peu ; puis il laissa éclater sa joie de les avoir retrouvés, il les tint longtemps embrassés tous les deux, et l'aîné deux fois plus que le cadet ; il s'était si bien conduit envers son petit frère !

163. Les meilleurs amis.

Combien on doit aimer ses frères et ses sœurs !
Comme ces liens sont doux ! Ensemble, dès l'enfance,
Unis par les devoirs, unis par la naissance,
Où trouver des amis et plus sûrs et meilleurs ?

164. Les huit béatitudes.

Jésus-Christ, voyant un jour la foule qui le suivait, monta sur une montagne. Dès qu'il se fut assis, ses disciples se placèrent auprès de lui. Prenant ensuite la parole, il les instruisit en disant : « Bienheureux les pauvres d'esprit, parce que le royaume des cieux est à eux. Bienheureux ceux qui sont doux, parce qu'ils posséderont la terre. Bienheureux ceux qui pleurent, parce qu'ils seront consolés. Bienheureux ceux qui ont faim et soif de la justice, parce qu'ils seront rassasiés. Bienheureux ceux qui sont miséricordieux, parce qu'ils obtiendront miséricorde. Bienheureux ceux qui ont le cœur pur, parce qu'ils verront Dieu. Bienheureux ceux qui sont pacifiques, parce qu'ils seront appelés enfants de Dieu. Bienheureux ceux qui souffrent persécution pour la justice, parce que le royaume des cieux leur appartient. — Réjouissez-vous et faites éclater votre joie, parce qu'une grande récompense vous est préparée dans le ciel.

165. Le baptême.

Au baptême de Jésus-Christ sur les bords du Jourdain, saint Jean-Baptiste vit le ciel ouvert et le Saint-Esprit sous la forme d'une colombe en descendre sur le Sauveur. Il entendit la voix du Père céleste disant :

« *Celui-ci est mon Fils bien-aimé en qui j'ai mis toutes mes complaisances.* »

Au baptême d'un enfant, ces merveilles et d'autres encore s'opèrent. En effet, l'âme du baptisé est purifiée de la tache du péché, le démon est chassé de son cœur, et le Saint-Esprit en vient prendre possesion, pour en faire son temple vivant. Dieu le Père l'adopte pour son enfant et le constitue son héritier. Jésus-Christ le prend pour son frère, et en fait un des membres vivants de son Eglise, qui devient sa mère, l'entoure de ses soins et l'enrichit de ses trésors. Heureux enfant ! et pour comble de bonheur, le ciel lui est ouvert ; il sera son héritage, sa patrie, sa récompense, le lieu de son repos et son partage pour l'éternité.

166. Beauté de l'innocence.

C'est l'azur d'un ciel sans nuages ;
C'est la colombe au blanc plumage,
Le rayon d'un céleste feu.
Oui, tout s'efface devant elle ;
Une âme d'innocence belle
Reflète l'image de Dieu.

167. Le jeune Origène.

Origène était fils de saint Léonide qui souffrit pour la foi dans la persécution d'Alexandrie, sous l'empereur Sévère. Le saint martyr avait élevé son fils avec le plus grand soin ; non content de l'exercer dans les connaissances humaines, il lui enseignait surtout les saintes Écritures, dont il lui faisait apprendre tous les jours quelques sentences.

Le jeune Origène s'appliquait à cette étude avec une ardeur incroyable. Mais son père admirait encore plus que ses talents naturels, les bénédictions dont le Seigneur le prévenait. Quoique bien jeune, Origène conçut un désir si vif de souffrir le martyre, qu'il se serait présenté de lui-même au tyran, si sa mère ne l'eût retenu par ses larmes et par ses prières. Et lorsque son père eût été arrêté pour la foi, son empressement devint si ardent que, pour l'empêcher d'aller le rejoindre, il fallut lui cacher ses habits.

Tel était l'amour que ce pieux jeune homme avait pour Dieu. Il devint, dans la suite, un génie extraordinaire et un défenseur ardent de l'Eglise catholique.

Heureux, heureux mille fois
L'enfant que le Seigneur rend docile à ses lois !

168. Fuite du péché.

La reine Blanche de Castille a donné le jour à saint Louis, roi de France, et en mère vraiment chrétienne, elle voulut se charger elle-même de l'éducation de son fils.

« Mon fils, lui répétait-elle souvent, vous savez combien je vous aime ; cependant je préférerais vous voir mort à mes pieds que coupable d'un péché mortel. » Saint Louis se souvint toujours de cette sage leçon et y conforma sa vie.

169. Bonté de Dieu.

Que le Seigneur est bon, que son joug est aimable !
Heureux qui dès l'enfance en connaît la douceur !
Jeune peuple, courez à ce maître adorable :
Les biens les plus charmants n'ont rien de comparable
Aux torrents de plaisir qu'il répand dans un cœur.

170. Le prêtre.

Le prêtre est un homme consacré à Dieu d'une manière particulière par le saint sacrement de l'Ordre.

Les fonctions sublimes qu'il exerce l'élèvent, en dignité, au-dessus même des anges.

Tous les jours à l'autel, le prêtre prie pour ses ouailles, pendant le saint sacrifice de la Messe. Les dimanches et les fêtes, il leur enseigne la doctrine chrétienne et les vérités du salut.

Le prêtre confère les sacrements que Jésus-Christ a institués pour notre sanctification. Au nom de la très-sainte Trinité, Père, Fils et Saint-Esprit, il baptise les nouveaux-nés, il réconcilie les pécheurs avec Dieu, il nourrit les fidèles du Corps et du Sang de Notre-Seigneur Jésus-Christ.

Le prêtre édifie tout le peuple par ses vertus ; il console les affligés, soulage les malheureux, instruit les petits et les ignorants et visite les malades. Il est au chevet des mourants, leur donne les secours de la Religion, il les dispose à une mort chrétienne et leur ouvre les portes du Ciel.

En un mot, comme saint Paul, le prêtre se fait tout à tous, pour les gagner tous à Jésus-Christ. — Quel amour et quelle reconnaissance ne lui devons-nous pas pour tant de bienfaits ! Quel profond respect, pour la haute dignité dont il est revêtu ! Aussi saint François d'Assise disait que s'il rencontrait un prêtre et un ange, c'est au prêtre qu'il rendrait les premiers et les plus grands honneurs.

171. Saint Wit.

Saint Wit était un enfant pieux, qui aimait Dieu de tout son cœur. Un jour, l'empereur, qui était païen, se le fit amener et lui dit : « Mon enfant, je te donnerai de l'or, des perles, de beaux habits et tout ce que tu désires, si tu abandonnes ta foi et blasphèmes Jésus-Christ. » Mais le jeune saint répondit : « Jésus-Christ, mon Dieu et mon Sauveur, est mort pour moi sur la croix, jamais je ne le blasphèmerai. Je l'adore et je l'aime de tout mon cœur. » L'empereur reprit : « Si tu n'obéis pas à mes paroles, je te ferai jeter dans une chaudière d'huile bouillante. Choisis entre le plaisir et le supplice, entre la vie et la mort. »

L'enfant répliqua avec une noble fierté : « Je souffrirai avec plaisir tous les supplices et la mort même pour Jésus-Christ. » Le tyran irrité de cette réponse, fit préparer aussitôt une chaudière d'huile bouillante, et ordonna d'y jeter le courageux enfant. Les bourreaux exécutèrent cet ordre barbare ; mais notre jeune martyr, joignant ses petites mains et élevant ses yeux vers le ciel, fit à haute voix cette belle prière : « O mon Seigneur Jésus, je remets mon âme entre vos mains ! » Et les Anges du bon Dieu descendirent du ciel, mirent sur sa tête une couronne et dans sa main une palme, et, ensemble, ils montèrent jusque devant le trône de Dieu. Le Seigneur Jésus, jetant sur l'enfant un regard plein d'amour, lui sourit et lui dit : « Sois béni, mon enfant, tu as souffert de grands tourments à cause de moi, goûte maintenant les délices de mon paradis. »

Que Jésus est un bon Maître,
Qu'il a de quoi nous charmer !
Heureux qui peut le connaître,
Plus heureux qui sait l'aimer !

172. La pêche miraculeuse.

Jésus-Christ se trouva un jour sur la mer de Tibériade avec Pierre, Jacques et Jean, qui étaient pêcheurs. Il leur dit : « Jetez votre filet. » Mais Pierre lui répondit : « Seigneur, nous avons travaillé toute la nuit et nous n'avons rien pris, mais puisque vous le dites, en votre Nom, je jetterai le filet. » Il le fit, et ils prirent une si grande quantité de poissons que la barque en était toute remplie. Pierre, voyant ce miracle, se jeta aux pieds de Jésus-Christ et lui dit : « Seigneur, retirez-vous de moi ; car je suis un pécheur. » Mais Jésus-Christ lui répondit : « Ne craignez rien, Pierre, vous allez devenir des pêcheurs d'hommes. » Dès ce moment Pierre, Jacques et Jean quittèrent tout, ils s'attachèrent au divin Maître et ils devinrent, en effet, des pêcheurs d'hommes.

Enfants, voulez-vous connaître le moyen de ne pas étudier ou travailler en vain, et de réussir dans ce que vous faites ! C'est d'agir au Nom de Notre-Seigneur Jésus-Christ.

Que ce que l'enfant sage écrit,
Ce qu'il fait ou ce qu'il lit,
Soit au Nom de Jésus-Christ !

PRIÈRES

Au nom du Père et du Fils et du Saint-Esprit. Ainsi soit-il.

Venez, Esprit-Saint.

Venez, Esprit-Saint — (1), remplissez les cœurs de vos fidèles serviteurs, — et allumez en eux le feu de votre divin amour.

Envoyez votre Esprit, et ils seront créés de nouveau,

Et vous renouvellerez la face de la terre.

O Dieu, qui avez instruit les cœurs des fidèles — par la lumière du Saint-Esprit, — donnez-nous cet Esprit, — qui nous fasse goûter et aimer le bien, — et qui répande toujours en nous la joie et la consolation — que lui seul peut donner. — Par Jésus-Christ Notre-Seigneur. Ainsi soit-il.

L'Oraison dominicale.

Notre Père, qui êtes aux cieux, —que votre nom soit sanctifié ; — que votre règne arrive ; — que votre volonté soit faite sur la terre comme au ciel ; — donnez-nous aujourd'hui notre pain de chaque jour ; — pardonnez-nous nos offenses, — comme nous pardonnons à ceux qui nous ont offensés ; — et ne nous laissez pas succomber à la tentation ; — mais délivrez-nous du mal. Ainsi soit-il.

---

(1) Les tirets indiquent les pauses à faire en priant.

La Salutation angélique.

Je vous salue, Marie, pleine de grâce ;—le Seigneur est avec vous ; — vous êtes bénie entre toutes les femmes,—et Jésus, le fruit de vos entrailles, est béni.

Sainte Marie, Mère de Dieu, — priez pour nous, pauvres pécheurs ;—maintenant et à l'heure de notre mort. Ainsi soit-il.

Le Symbole.

Je crois en Dieu, le Père tout-puissant, Créateur du ciel et de la terre ; — et en Jésus-Christ, son Fils unique, Notre Seigneur, — qui a été conçu du Saint-Esprit, est né de la Vierge Marie, — a souffert sous Ponce-Pilate,—a été crucifié, est mort, a été enseveli, —est descendu aux enfers,—le troisième jour est ressuscité des morts,—est monté aux cieux,— est assis à la droite de Dieu le Père tout puissant,—d'où il viendra juger les vivants et les morts.

Je crois au Saint-Esprit,—la sainte Église catholique, —la communion des Saints,—la rémission des péchés, — la résurrection de la chair, — la vie éternelle. Ainsi soit-il.

Gloria Patri.

Gloire au Père, au Fils et au Saint-Esprit.

Comme au commencement, maintenant et toujours et dans tous les siècles, des siècles. Ainsi soit-il.

Acte de Foi.

Mon Dieu, je crois fermement — tout ce que la sainte Eglise catholique, — apostolique et romaine m'ordonne de croire, — parce que c'est vous, — ô Vérité infaillible, — qui le lui avez révélé.

Acte d'Espérance.

Mon Dieu, j'espère avec une ferme confiance—que vous me donnerez, par les mérites de Jésus-Christ, — votre grâce en ce monde, — et si j'observe vos commandements, — votre gloire en l'autre, — parce que vous me l'avez promis, — et que vous êtes souverainement fidèle dans vos promesses.

Acte de Charité.

Mon Dieu, je vous aime de tout mon cœur — et par-dessus toutes choses, — parce que vous êtes infiniment bon et infiniment aimable ; — et j'aime mon prochain comme moi-même pour l'amour de vous.

Acte de contrition.

Mon Dieu, je me repens de tout mon cœur de vous avoir offensé, — parce que vous êtes infiniment bon et parfait, — et que je vous aime par-dessus toutes choses.—Je déteste tous mes péchés, parce qu'ils vous déplaisent. — Pardonnez - moi par les mérites de Jésus-Christ. — Je me propose fermement de me corriger, de me confesser, et de vous satisfaire, — avec le secours de votre sainte grâce. Ainsi soit-il.

Les dix commandements de Dieu.

1. Un seul Dieu tu adoreras
   Et aimeras parfaitement.
2. Dieu en vain tu ne jureras,
   Ni autre chose pareillement.
3. Les dimanches tu garderas,
   En servant Dieu dévotement.
4. Tes père et mère honoreras,
   Afin de vivre longuement.
5. Homicide point ne feras,
   De fait ni volontairement.
6. Luxurieux point ne seras,
   De corps ni de consentement.
7. Le bien d'autrui ne prendras,
   Ni retiendras à ton escient.
8. Faux témoignage tu ne diras,
   Ni mentiras aucunement.
9. L'œuvre de chair ne désireras,
   Qu'en mariage seulement.
10. Bien, d'autrui ne convoiteras,
    Pour les avoir injustement.

Les six commandements de l'Eglise.

1. Les fêtes tu sanctifieras,
   Qui te sont de commandement.
2. Les dimanches Messe ouïras,
   Et les fêtes pareillement.
3. Tous tes péchés confesseras,
   A tout le moins une fois l'an.
4. Ton Créateur tu recevras,
   Au moins à Pâques humblement.
5. Quatre-Temps, Vigiles jeûneras,
   Et le Carême entièrement.
6. Vendredi chair ne mangeras,
   Ni le samedi mêmement.

L'angelus.

L'Ange du Seigneur annonça à Marie, — et elle conçut du Saint-Esprit.

Je vous salue, Marie, etc.

Voici la servante du Seigneur, — qu'il me soit fait selon votre parole.

Je vous, salue, Marie, etc.

Et le Verbe s'est fait chair, — et il a habité parmi nous.

Je vous salue, Marie, etc.

Priez pour nous, sainte Mère de Dieu,

Afin que nous soyons rendus dignes — des promesses de Notre-Seigneur Jésus-Christ.

Répandez, Seigneur, nous vous en supplions, — votre grâce dans nos âmes, — afin qu'ayant connu, par la voix de l'Ange, — l'Incarnation de Jésus-Christ votre Fils, — nous arrivions par sa passion et par sa croix — à la gloire de la résurrection. — Par le même Jésus-Christ Notre-Seigneur. Ainsi soit-il.

Le Sub tuum.

Nous nous réfugions vers vous, sainte Mère de Dieu; — et nous nous mettons sous votre sainte protection. — Daignez ne pas rejeter les suppliantes prières — que nous vous adressons dans nos besoins; — mais délivrez-nous toujours de tous périls, — ô Vierge glorieuse et pleine de grâce. Ainsi soit-il.

Le Memorare.

Daignez vous souvenir, ô très-pieuse Vierge Marie, — qu'on n'a jamais entendu dire, — que vous ayez abandonné celui qui se met sous votre protection, — qui implore votre secours — et réclame votre assistance. — Rempli de cette confiance, — j'ai recours à vous, ô Mère, Vierge des vierges! — tout pécheur que je suis, je viens à vous, — je suis devant vous gémissant; — Mère du Verbe, ne dédaignez point mes prières; — mais soyez-moi propice, et exaucez-moi. Ainsi soit-il.

Prière du R. P. Zucchi.

O ma Souveraine, ô ma Mère ! je m'offre à vous tout entier, et pour vous donner une preuve de ma dévotion, je vous consacre aujourd'hui mes yeux, mes oreilles, ma bouche, mon cœur, ma personne tout entière. Puisque je suis à vous, ô bonne Mère ! conservez-moi, défendez-moi comme votre propriété et votre possession. Ainsi soit-il.

Prière des trois Heures.

Nous vous supplions, Seigneur, de jeter un regard de miséricorde sur votre famille, — pour laquelle Notre-Seigneur Jésus-Christ — a bien voulu être livré entre les mains des méchants, — et souffrir le supplice de la croix ; Lui, qui étant Dieu, vit et règne avec vous en l'unité du Saint-Esprit, dans tous les siècles des siècles. Ainsi soit-il.

Notre père, etc. — Je vous salue, Marie, etc.

Prière pour la confession.

Avant. — Au nom du Père, etc. — Bénissez-moi, mon père, parce que j'ai péché. — Je confesse à Dieu tout-puissant, à la bienheureuse Marie toujours Vierge, à tous les Saints, et à vous, mon Père, que j'ai beaucoup péché par pensées, par paroles, par actions, et par omissions, depuis ma dernière confession, que j'ai faite, il y a *(un, deux, trois mois, selon le temps de la dernière confession).*

Après. — De ces péchés et de ceux dont je ne me souviens pas, je demande pardon à Dieu, et à vous, mon père, pénitence et absolution, si vous m'en jugez digne.

Règles de conduite.

1. Enfants, le matin, dès votre réveil, pensez au bon Dieu et offrez-lui votre cœur.

2. Ne lambinez pas pour quitter le lit, comme fait le paresseux ; mais levez-vous promptement et habillez-vous avec modestie.

3. Lavez-vous chaque matin le visage, le cou, les oreilles et les mains ; rincez votre bouche, nettoyez vos dents et peignez vos cheveux.

4. Faites à genoux et avec attention vos prières du matin et du soir. Travaillez, obéissez et supportez patiemment, pour l'amour de Dieu, vos peines et vos chagrins.

5. Assistez fidèlement, le dimanche, à la sainte Messe et aux autres offices de la paroisse, tâchez même d'entendre la sainte Messe tous les autres jours de la semaine. C'est la meilleure prière que vous puissiez faire.

6 N'oubliez pas, le matin et le soir, de souhaiter à vos parents bon jour, bonne nuit.

7. Saluez respectueusement vos parents chaque fois que vous les abordez. Saluez aussi de même toutes les personnes respectables que vous connaissez, et si vous leur adressez la parole, que ce soit toujours la tête découverte.

8. Ne montrez pas du doigt la personne dont vous parlez.

9. N'interrompez jamais ceux qui parlent, et lorsque vous êtes interrogés, répondez poliment.

10. A table, soyez propres et polis; ne parlez ni ne buvez la bouche pleine.

11. Ne faites pas retentir la maison ni les rues de vos cris et de vos sifflements.

12. Ne vous arrêtez pas dans les rues au lieu d'aller aux Offices et en classe.

13. A l'église, rappelez-vous que vous êtes sous les yeux du bon Dieu et priez avec ferveur; tenez-vous-y respectueusement et ne vous permettez pas de causer, de rire ni de regarder de côté et d'autre.

14. A la maison et en classe, ne faites pas de bruit en marchant ni en fermant les portes.

15. Lorsque vous vous présentez en classe, saluez votre maître, soyez propres, ayez vos livres et vos cahiers en ordre et efforcez-vous d'être des élèves appliqués, attentifs et soumis.

16. En sortant de classe, ne vous arrêtez pas dans les rues; mais rendez-vous à la maison directement et en ordre.

17. Ayez soin de vos livres, et mettez chaque chose à sa place.

18. Obéissez promptement à vos parents et à vos maîtres, en vue de plaire à Dieu, qu'ils

représentent à votre égard; soyez reconnaissants
envers eux de tout le bien qu'ils vous font.

19. Ne vous disputez pas avec vos camarades; ne leur dites pas de sobriquets, mais ren-
dez-leur les services que vous pouvez, en vue
de J.-C. dont ils sont, comme vous, les frères
et les membres.

20. Ne vous rendez au jeu qu'avec la permission de vos parents et lorsque vous aurez
achevé votre devoir.

21. Évitez les jeux trop bruyants et défendus,
et ne fréquentez pas de méchants camarades.

22. Ne jetez pas de pierres ni de boules de
neige, en rue. Gardez-vous de jouer avec de la poudre.

23. En été, n'allez pas au bain sans la
permission de vos parents, et sans être décemment
couverts.

24. Évitez soigneusement de gâter ou de
dérober quoi que ce soit, à vos parents ou à
quelqu'autre personne.

25. Si vous commettez quelque faute, em-
pressez-vous de l'avouer; bien loin de chercher à la cacher par des mensonges, tâchez
de la réparer au plus tôt.

10

Table de Numération (1).

Un.	1	Quarante.	40
Deux.	2	Quarante et un.	41
Trois.	3	Cinquante	50
Quatre.	4	Cinquante et un	51
Cinq	5	Soixante.	60
Six.	6	Soixante et un.	61
Sept	7	Soixante-dix.	70
Huit	8	Soixante-onze.	71
Neuf.	9	Quatre-vingts.	80
Dix.	10	Quatre-vingt-un	81
Onze.	11	Quatre-vingt-dix.	90
Douze	12	Quatre-vingt-onze	91
Treize	13	Cent.	100
Quatorze.	14	Mille.	1.000
Quinze.	15	Million.	1.000.000
Seize.	16	Quatre unités.	4
Dix-sept.	17	Quatre dizaines.	40
Dix-huit	18	Quatre centaines.	400
Dix-neuf.	19	Quatre mille.	4.000
Vingt.	20	Neuf unités.	9
Vingt et un.	21	Neuf dixièmes (déci).	0,9
Trente.	30	Neuf centièmes (centi)	0,09
Trente et un.	31	Neuf millièmes (m.)	0,009

(1) Appliquer ces chiffres à des nombres concrets : enfants, pommes, etc.,
mètre, litre, franc, gramme, stère.

Table d'Addition.

1	et	1	font	2	5	et	1	font	6	8	et	1	font	9

1 et 1 font 2
2 — 1 — 3
2 — 2 — 4
2 — 3 — 5
2 — 4 — 6
2 — 5 — 7
2 — 6 — 8
2 — 7 — 9
2 — 8 — 10
2 — 9 — 11

5 et 1 font 6
5 — 2 — 7
5 — 3 — 8
5 — 4 — 9
5 — 5 — 10
5 — 6 — 11
5 — 7 — 12
5 — 8 — 13
5 — 9 — 14
5 —10 — 15

8 et 1 font 9
8 — 2 — 10
8 — 3 — 11
8 — 4 — 12
8 — 5 — 13
8 — 6 — 14
8 — 7 — 15
8 — 8 — 16
8 — 9 — 17
8 —10 — 18

3 et 1 font 4
3 — 2 — 5
3 — 3 — 6
3 — 4 — 7
3 — 5 — 8
3 — 6 — 9
3 — 7 — 10
3 — 8 — 11
3 — 9 — 12
3 —10 — 13

6 et 1 font 7
6 — 2 — 8
6 — 3 — 9
6 — 4 — 10
6 — 5 — 11
6 — 6 — 12
6 — 7 — 13
6 — 8 — 14
6 — 9 — 15
6 —10 — 16

9 et 1 font 10
9 — 2 — 11
9 — 3 — 12
9 — 4 — 13
9 — 5 — 14
9 — 6 — 15
9 — 7 — 16
9 — 8 — 17
9 — 9 — 18
9 —10 — 19

4 et 1 font 5
4 — 2 — 6
4 — 3 — 7
4 — 4 — 8
4 — 5 — 9
4 — 6 — 10
4 — 7 — 11
4 — 8 — 12
4 — 9 — 13
4 —10 — 14

7 et 1 font 8
7 — 2 — 9
7 — 3 — 10
7 — 4 — 11
7 — 5 — 12
7 — 6 — 13
7 — 7 — 14
7 — 8 — 15
7 — 9 — 16
7 —10 — 17

10 et 10 font 20
10 — 20 — 30
10 — 30 — 40
10 — 40 — 50
10 — 50 — 60
10 — 60 — 70
10 — 70 — 80
10 — 80 — 90
10 — 90 —100
100 —100 —200

L'addition est une opération par laquelle on réunit plusieurs nombres de même espèce en un seul. Le résultat de cette opération s'appelle *somme* ou *total*.

Le signe ╂ *(plus)* marque l'addition.

Table de Soustraction.

1 ôté de 1 reste 0	4 ôté de 4 reste 0	7 ôté de 7 reste 0
1 — 2 — 1	4 — 5 — 1	7 — 8 — 1
1 — 3 — 2	4 — 6 — 2	7 — 9 — 2
1 — 4 — 3	4 — 7 — 3	7 — 10 — 3
1 — 5 — 4	4 — 8 — 4	7 — 11 — 4
1 — 6 — 5	4 — 9 — 5	7 — 12 — 5
1 — 7 — 6	4 — 10 — 6	7 — 13 — 6
1 — 8 — 7	4 — 11 — 7	7 — 14 — 7
1 — 9 — 8	4 — 12 — 8	7 — 15 — 8
1 — 10 — 9	4 — 13 — 9	7 — 16 — 9

2 ôté de 2 reste 0	5 ôté de 5 reste 0	8 ôté de 8 reste 0
2 — 3 — 1	5 — 6 — 1	8 — 9 — 1
2 — 4 — 2	5 — 7 — 2	8 — 10 — 2
2 — 5 — 3	5 — 8 — 3	8 — 11 — 3
2 — 6 — 4	5 — 9 — 4	8 — 12 — 4
2 — 7 — 5	5 — 10 — 5	8 — 13 — 5
2 — 8 — 6	5 — 11 — 6	8 — 14 — 6
2 — 9 — 7	5 — 12 — 7	8 — 15 — 7
2 — 10 — 8	5 — 13 — 8	8 — 16 — 8
2 — 11 — 9	5 — 14 — 9	8 — 17 — 9

3 ôté de 3 reste 0	6 ôté de 6 reste 0	9 ôté de 9 reste 0
3 — 4 — 1	6 — 7 — 1	9 — 10 — 1
3 — 5 — 2	6 — 8 — 2	9 — 11 — 2
3 — 6 — 3	6 — 9 — 3	9 — 12 — 3
3 — 7 — 4	6 — 10 — 4	9 — 13 — 4
3 — 8 — 5	6 — 11 — 5	9 — 14 — 5
3 — 9 — 6	6 — 12 — 6	9 — 15 — 6
3 — 10 — 7	6 — 13 — 7	9 — 16 — 7
3 — 11 — 8	6 — 14 — 8	9 — 17 — 8
3 — 12 — 9	6 — 15 — 9	9 — 18 — 9

La soustraction est une opération par laquelle on retranche un nombre d'un autre plus grand et de même espèce. Le résultat se nomme *différence*, *reste* ou *excès*.

Le signe — (*moins*) marque la soustraction.

Table de Multiplication.

1 fois	1 fait	1	4 fois	1 font	4	7 fois	1 font	7
1 —	2 —	2	4 —	2 —	8	7 —	2 —	14
1 —	3 —	3	4 —	3 —	12	7 —	3 —	21
1 —	4 —	4	4 —	4 —	16	7 —	4 —	28
1 —	5 —	5	4 —	5 —	20	7 —	5 —	35
1 —	6 —	6	4 —	6 —	24	7 —	6 —	42
1 —	7 —	7	4 —	7 —	28	7 —	7 —	49
1 —	8 —	8	4 —	8 —	32	7 —	8 —	56
1 —	9 —	9	4 —	9 —	36	7 —	9 —	63
1 —	10 —	10	4 —	10 —	40	7 —	10 —	70
1 —	11 —	11	4 —	11 —	44	7 —	11 —	77
1 —	12 —	12	4 —	12 —	48	7 —	12 —	84
2 fois	1 font	2	5 fois	1 font	5	8 fois	1 font	8
2 —	2 —	4	5 —	2 —	10	8 —	2 —	16
2 —	3 —	6	5 —	3 —	15	8 —	3 —	24
2 —	4 —	8	5 —	4 —	20	8 —	4 —	32
2 —	5 —	10	5 —	5 —	25	8 —	5 —	40
2 —	6 —	12	5 —	6 —	30	8 —	6 —	48
2 —	7 —	14	5 —	7 —	35	8 —	7 —	56
2 —	8 —	16	5 —	8 —	40	8 —	8 —	64
2 —	9 —	18	5 —	9 —	45	8 —	9 —	72
2 —	10 —	20	5 —	10 —	50	8 —	10 —	80
2 —	11 —	22	5 —	11 —	55	8 —	11 —	88
2 —	12 —	24	5 —	12 —	60	8 —	12 —	96
3 fois	1 font	3	6 fois	1 font	6	9 fois	1 font	9
3 —	2 —	6	6 —	2 —	12	9 —	2 —	18
3 —	3 —	9	6 —	3 —	18	9 —	3 —	27
3 —	4 —	12	6 —	4 —	24	9 —	4 —	36
3 —	5 —	15	6 —	5 —	30	9 —	5 —	45
3 —	6 —	18	6 —	6 —	36	9 —	6 —	54
3 —	7 —	21	6 —	7 —	42	9 —	7 —	63
3 —	8 —	24	6 —	8 —	48	9 —	8 —	72
3 —	9 —	27	6 —	9 —	54	9 —	9 —	81
3 —	10 —	50	6 —	10 —	60	9 —	10 —	90
3 —	11 —	33	6 —	11 —	66	9 —	11 —	99
3 —	12 —	36	6 —	12 —	72	9 —	12 —	108

La multiplication est une opération par laquelle on répète un nombre appelé multiplicande autant de fois qu'il y a d'unités dans un autre appelé multiplicateur. Le résultat s'appelle produit.

Le signe ✕ (*multiplié par*) indique la multiplication.

TABLE DES MATIÈRES.

Imp. GAUTHIER FRÈRES, à Lons-le-Saunier.

www.ingramcontent.com/pod-product-compliance
Lightning Source LLC
Chambersburg PA
CBHW050018100426
42739CB00011B/2700